**板橋國小「家庭主婦學校」**

結業嘍！真歡喜，除了賺得一筆「智慧財產」外，又合拍一張珍貴的團體照。83.6.7

**積穗國小「家庭主婦學校」**

林老師教做「水桶腰變水蛇腰」運動。83.4.19

**榮富國小「親職教育講座」**

講題：現代家務卿

上課踴躍情景。83.4.28

**華視「早安今天」節目**

由陳月卿小姐訪問，暢談「怎樣幫助考生衝刺上榜」，錄製兩集，先後在28、30日播出。此張爲錄影現場。84.6.27

**觀天下有線「汐農公益頻道」**

由汐農家政指導員陳祖萓小姐訪問1小時，暢談親職教育心得經驗。84.7.12

**中廣公司「女人我要—」節目**

由王海玲小姐主持，訪問1小時，並有現場「叩應」雙向溝通，反應熱烈，連續訪問一個月。右一是製作人黃玉蘭小姐。85.5.9

台北市龍安國小

講題：現代家務卿

教師和家長出席很踴躍。82.9.25

台北縣中和市積穗國小

講題：工作和婚姻生活如何兼顧

教師和家長們都十分專注聽課。83.3.2

台北縣新莊市民安國小

講題：夫妻如何牽手過一生

教師和家長反應熱烈。83.12.7

| 日 | 一 | 二 | 三 | 四 | 五 | 六 |
|---|---|---|---|---|---|---|
| | | | | | 1 勞動節 | 2 十四 |
| 3 十五 | 4 十六 | 5 十七 | 6 立夏 | 7 十九 | 8 二十 | 9 廿一 |
| 10 母親節 | 11 廿三 | 12 廿四 | 13 廿五 | 14 廿六 | 15 廿七 | 16 廿八 |
| 17 廿九 | 18 四月 | 19 初二 | 20 初三 | 21 小滿 | 22 初五 | 23 初六 |
| 24 初七 | 25 初八 | 26 初九 | 27 初十 | 28 十一 | 29 十二 | 30 十三 |
| 31 十四 | | | | | | |

南投縣日月潭—單車步道逍遙遊

尊重選擇：你的好意 也要她的同意
給她選擇 她才願意負責

2015

Jun

| 日 | 一 | 二 | 三 | 四 | 五 | 六 |
|---|---|---|---|---|---|---|
| | 1 十五 | 2 十六 | 3 十七 | 4 十八 | 5 十九 | 6 芒種 |
| 7 廿一 | 8 廿二 | 9 廿三 | 10 廿四 | 11 廿五 | 12 廿六 | 13 廿七 |
| 14 廿八 | 15 廿九 | 16 五月 | 17 初二 | 18 初三 | 19 初四 | 20 端午節 |
| 21 初六 | 22 夏至 | 23 初八 | 24 初九 | 25 初十 | 26 十一 | 27 十二 |
| 28 十三 | 29 十四 | 30 十五 | | | | |

台中縣和平鄉梨山—曾家果園紅翻天

教養秘訣：賜子千金 不如教子一藝
給他魚吃 不如教他釣魚

**▲「關懷考生」輕鬆上榜公益講座**

榮邀擔任全省北、中、南「關懷考生」公益講座。

**▲ 拜訪著名鄉土作家吳晟先生並合影**

參觀小學同學吳晟的私人圖書館，館藏很豐富喔！

**▲ 2013 台灣燈會喜相逢**

很歡喜和童年玩伴卓夏同學，在竹南舉辦的燈會現場重歡聚，並暢遊一番。

▲獲選 111 年台北市大安區「模範母親」表揚大會

▲ 台北縣蘆洲國中「親職教育講座」
因報名家長超多，只好分兩場舉辦。

## 南亞塑膠公司明志廠產業工會

講題：夫妻如何牽手過一生

「勞工教育」專題演講，「有獎徵答」頒獎合影。84.7.7

## 新竹市總工會

講題：火車頭父母

一百多個分會代表參加「婦女親子講座」。85.3.9

## 台灣省手工藝工會聯合會

講題：怎樣管教兒女才適當

台灣省手工藝工會聯合會「勞工問題研討會」85.3.21

**台視「台視文化廣場」節目**

由趙寧先生和丁乃竺小姐主持，暢談「及時的愛」一書的親職教育經驗。

**中視「早安中國」節目**

「誰來早餐」單元暢談「聯考獲勝絕招」一書的內容和經驗心得。81.5.15

**寶福電視「陳學聖時間」單元**

談「如何陪考生走過聯考」，是和建中輔導室主任王澤玲老師一起受訪。84.6.29

▲ **應邀遠到「屏東師院附小」演講**

照片「接受獻花後，跟師長合影。」在我左邊是「宋修珍」老師。很感謝她熱心的推薦。左下黑板上，有我的名言：教子無師父，打拼學就有。( 台語 )

▲ **應邀遠到「屏東師院附小」演講**

聽衆踴躍參加，還有很多位家長是站著聽講，大家聽得歡喜，提問很熱烈喔！

▲ 台灣愛笑瑜伽協會種子笑長

遠赴台東關山「拾穗山莊」受訓，並兼演講一場，照片是受訓學員合照。

▲ 演講現場一隅

照片是我演講時學員獲得「有獎徵答」獎品，是我寫的「大家快來講笑話」第二冊。

## 環遊世界一百零八天

環遊世界後已寫好這本遊記，是十八開大本書，圖大好看，字大保眼，是居家臥遊良伴。

▲環遊世界一周，在船上演講三場。

## ▲ 大安文山有線電視

應邀在「大安文山有線電視」節目，專題演講「升學考試」，連續達二個多月之久。

## ▲ 演講題目：常得兒女帶笑看

演講結束，學員搶購林老師所寫的書籍後，排隊等候簽名盛況。

▲ 由我主辦的「北斗高中」同學會。

▲ 由我主辦的「北斗高中」同學會。

▲ 由我主辦的「北斗高中」同學會。

▲ 由我主辦的「北斗高中」同學會。

▲我們夫婦參加大女兒幸宜在「台北醫學院牙醫系」的畢業典禮。

▲在日本青森果園親手採蘋果，人面蘋果相映紅。

# 媽媽博士

## —家業中的CEO

慕凡 著

（第二冊）

# 自 序

我們都是媽媽的孩子，若你想要多認識媽媽，那麼，閱讀這本書就對了。

自從媽媽生下你、我後，彼此都很忙碌，媽媽每天忙著照顧我們長大；而我們也不停地忙著完成，各階段的學業、事業或成家立業。很少有空閒，好好去瞭解媽媽的心聲。

## 1. 現身說法談經驗

我是媽媽的女兒，也是三個孩子的媽媽，又當了快五十年的全職媽媽和主婦；我以自己親身體驗和感受爲縱軸，又收集各種媽媽形像爲橫軸，試圖描繪出現代媽媽的人生新座標。你看完我的經歷、觀察或心得後，一定會有更深入的感受，甚至會顛覆你原有的觀感耶!

## 2. 披露媽媽的眞相

擔任「全職媽媽」這一行，雖是最古老、最多人的工作，卻也是很平淡卻不平凡的行業；很少有人會認眞去研究、探討，它重大的意義及價値；現在由於我的挺身而出作證，讓你能夠去認識她的過去、瞭解她的現在及她對未來的期望了。另一方面，也是能爲我的同行友伴們，揭露深藏已久的心聲。

這本書絕不是嘮叨的媽媽經，而是對「全職媽媽」，這個身分證職業欄上，寫著「家管」的正當行業，我對它的剖析、感想或期望；更有對生活、生存和生命意義的探討等。

## 3. 斜槓人生樂趣多

我只擔任六年的教師生涯，就應孩子們的需求，毅然轉換跑道，由校門遁入家門。十多年後，因突生一場重病後，才開始寫書；又因教育兒女稍有成就，竟變成父母眼中的「親職教育」專家；至今，已全省巡迴演講二十多年，且已創作十二本暢銷書了。

我的斜槓生涯中，曾經擔任數要職，例如女兒、妻子、母親、祖母、家管者、寫作者、出版者、賣書者、演講者及國、高中教師等。身分不同，所需專業的知識和技能也不同喔!

我由主婦變成主講，從爐台走向講台的傳奇歷程，曾是許多人想知道的故事，我全寫在這本書裏了。

人生歷程的十六字箴言:「喜怒哀樂、悲歡離合、恩怨情仇、生老病死。」我可說都嚐過滋味了。

## 4. 但願君心似我心

我花費二十多年的心力和血汗，才寫好這本書，曾經多次想放棄作罷了；卻又受自我「使命感」的召喚，才能繼續完成這份心願。

本書分十個主題來探討，因字數長達二十六萬多，必須分第一、第二冊出版，又要求「圖大好看，字大保眼」，所以是十八開精緻的大本書。我還有話要說，將來若有好機緣，再繼續寫吧！

如果你看完本書後，能夠重新體認媽媽的辛勞、疲勞或功勞，進而更加敬重、珍愛和孝順媽媽，那我就非常感謝你，更是達成我最大的願望了。謝謝！

**生命轉變很美妙　且走且看且調整**
**樂觀勤奮向前行　豐碩收穫滿行程**

林琼「瓊」姿 筆名：慕凡 敬上

民國112「西元2023」年4月 於台灣

# 推薦序

## 吳晟

著名鄉土詩人及作家

林琼姿女士，是我在「成功國小」的同班同學，她讀書很用功，成績也很好；但是在五年級時，卻突然從升學的「投考班」，轉到就業的「放牛班」去了；現在看到了本書，我才知道原因。

她是一朶壓不扁的玫瑰，在多次受挫的升學歷程中，都能夠堅持下去，最終能考上「國立臺灣師範大學」，這在當時的鄉村，是周圍五個村莊，可能是第一位考上大學的女孩子。有關她逆轉勝的奮鬥歷程，在本書中都有解說，看後很令人非常感動。

記得是在四年級時，學校為慶祝校慶的活動中，所舉辦的「遊藝會」上，我們班同學提供一齣「悲歡家庭」的話劇，我倆分飾男、女主角，我扮演醫生，琼姿則演生病妹妹的大姊，我們都穿上自己爸或媽的衣服，小大人滑稽的扮相很逗趣，對白也蠻精彩的喔!眞是很美好的回憶。

琼姿親自把三個孩子都教育得很優秀，由於她教育兒女的成功經驗，就成為親職及家庭教育專家，各地巡迴演講分享心得，已經有數十年了；並已出版了十二本暢銷書，嘉惠無數學生、家長和家庭，算是很傑出的校友了。

這次，再寫這兩本自傳性的大書，有媽媽、主婦、成長、教育、演講、我愛紅塵等十大主題，因是現身說法，內容都很真情感人，且讀後收穫很多。

在1950年代的偏鄉國小，我們班上能有她和我兩位，從年輕至今，都一直持續不斷寫作，而且，又能保持深厚的同窗情誼，確實很難得可貴。

謹在她出書之前，特別推薦給讀者，並表達祝賀之意。

吳晟 謹識

民國112年4月

# 推薦序

**鄭福妹**

台灣教育資深人員協會 副理事長

新北市退休校長協會 監事

認識林瓊姿老師，是一個很巧合的機緣；幾年前，當我在新北市「瑞芳國小」擔任校長時，有一天，林老師自己打電話給教務主任，說明她有一位好朋友包德慈女士，希望在學校設置一筆獎學金，詢問學校是否樂意接受? 當時，我們不只很感恩地接受了，更舉辦隆重的頒獎典禮呢!

我心想：「怎麼會有這樣熱心的人，主動要做鼓勵學生的善事?」，原來林老師過去曾在「瑞芳高工」擔任教職，爲了回饋鄉親，過去給她許多的恩情，才介紹好友提供這次捐款；而林老師和夫婿也曾在故鄉的母校，設置獎學金多年，林老師眞是一位知恩圖報的人。

此後，我們三個人，因教育理念很契合，就變成好朋友了。後來還跟另四位好友組成「金蘭讀書會」，至今還不斷互相學習、追求成長呢!林老師是一位熱愛分享的人，她每次在讀書會裡，總是帶很多資料送給姊妹們，有她聽演講的講義、收集的名言佳句或影印的剪報等，讓我們成長很多。

林老師是很聞名的家庭教育專家，她的演講有很多實例和做法，所寫的十二本暢銷書，都很實用。

林老師不僅是位賢妻良母，自己也成就了一番事業，還加入公益志工行列。民國111年，曾獲選爲台北市大安區的「模範母親」殊榮。她的優異成就，可說是實至名歸。

這次再撰寫這兩本新書，對「媽媽」這個角色和定位，有很精闢的見解和心得。

謹在她出書時，特別推介給讀者，相信您會獲益良多的。

鄭福妹 謹上

民國112年4月

# 第一冊目次

## 一. 媽媽自強篇



## 二. 魔幻母親篇

## 三 . 學習成長篇

## 四．教養兒女篇



## 五．主婦苦樂篇

# 第二冊目次

## 六.家庭管理篇



## 七.演講樂趣篇

## 八. 旅遊獲益篇



## 九. 人間溫情篇

## 十. 我愛紅塵篇

# 六、家庭管理篇

## （一）財務管理

財務管理主要包括理財理念和如何賺錢、花錢、省錢、存錢等五大項。

### 1. 理財理念

(1)你不理財，財不理你。

**(2)錢不是萬能，沒有錢卻萬萬不能。**

(3)錢財，生不帶來，死不帶去，但是活著就需要運用。

**(4)錢是隨身寶，要用免驚無。**

(5)要做理財家，不要做守財奴。

(6)吃不窮，穿不窮，不會理財一世窮。

—會理財不一定致富，但卻可以脫貧。

**(7)有錢，如飛龍在天，遊走四方；沒錢，如龍困淺灘，寸步難行。**

(8)金錢是你的好僕人，但若使用不當，也會變成壞主人。

(9)賺錢靠技術，花錢是藝術，存錢要有學術。

—有些人很會賺錢，卻亂花掉，入不敷出，想存錢是要學習的。

**(10)窮厝不窮路。**

—在家隨便省錢都可過日，出外要多帶點錢，以應急用。

(11)錢財如潮水，湧來又湧去。

—賺錢要把握時機，有機會賺就要趕緊賺，否則時機錯過了，想賺也沒得賺了。就像潮水退去，良機就消失了。

**(12)錢財就像一粒種子，吃下或存起來，結果大不同。**

—你把一顆種子吃進肚子，享樂一下就不見了。要是你把它留下運用，例如種在土裏，將來它會結出更多的新種子和果實；據說，一粒麥子把它埋進土裏，成熟後就可收穫好幾十或上百粒的麥子來耶！

**(13)錢財就像錢母一樣，你利用它去生財，就可賺更多錢；若你把它用掉，就什麼都沒有了。**

## 2. 如何賺錢

### (1)固定上班

有穩定收入，對家庭收入有保障。尤其是公家機關的公務員，只要不犯錯，是不會被解雇的。私人公司則看工作能力表現，有機會升遷快，薪水就多，或年終可分紅利、有獎金等。

### (2)賺取外快

有機會在機關、工廠或商店加班，賺取加班費，或幫人代 班等，增加額外收入。我有一位朋友，他把額外收入的錢儲存起來，累積夠了就拿去當買房子頭期款，退休後，竟擁有兩棟房子可收租金呢！

### (3)兼差賺錢

有人白天固定上班，晚上就去兼差賺另一份收入，例如上班族，下班後去餐飲店打工，開計程車，當送貨員、計時店員，代公司記帳、做保險人員或去夜市擺攤等。

**(4)提高身價**

也可投資自己，再去進修或補習，在本行內提升自己學歷或能力，例如公務員就去參加升等考試，考上就能加薪了。私人企業員工就去進修或讀研究所，提高工作能力或學歷，也可提高薪水收入。或是考取各種相關證照，如律師、會計師、廚師及各行各業證照等，身價抬高，薪水就會提高了。

更可轉行做自己比較喜歡，或更好賺錢的行業，再去學習第二、三種技藝或專長，現在流行「斜槓人生」，多才多藝就多賺錢，就像「狡兔有三窟」可存活一樣啊！

家庭主婦配合自己的興趣，也可抽空去參加才藝訓練班，如保母班、照服員、水電修繕班等，培養一技之長，就可兼差賺錢外；又可擁有外出工作賺錢的能力，以防萬一先生發了生意外，無法再工作時，家庭的生活費，就只能靠你的收入維持了。何況，將來孩子長大後，你進入空巢期時，還可開創銀髮族，第二度就業機會呢！

**(5)兼做副業**

主婦在家處理家務外，可抽空學會才藝，就可在家兼做副業，例如做手工品代工、家庭理髮師、家庭美容師、幫人修改衣服、當保母帶小孩或外出當計時清潔員等。都可增加家庭收入。

**(6)智財轉換**

學有專長的專家、學者、藝術家或藝文工作者，他們的成就

對社會 貢獻很大，但是也要會把「智慧財」轉換成「財物財」，學會如何理財，才可讓自己物質生活提升到一定水準，晚年才能名利雙收，才不會落入貧病交迫窘境。這也是很重要的課題。像我會寫書、賣書，又能去演講賺講費，就是一個好例子。

**(7)投資四本**

本人：親力親為；本錢：自有資本；本業：自己熟悉的行業；本事：足夠的專業能力。具備這四項條件，投資生意才能賺錢。

**(8)謹慎投資**

投資股票、債券、基金或保險等理財工具，是需要多做功課，下功夫學習和研究一番的，對該標的物的資產負債表、損益表或未來發展前景等，都要有充分認識和掌控後，投資才可能賺錢。

## 3. 如何花錢

**(1)工作省錢**

你沒在賺錢，就是在花錢。你在工作賺錢時，就沒時間去花錢；你不工作時，就會外出吃喝玩樂，變成是在花錢了。多去工作，少請假、休假就少用錢，省錢就是賺錢。

**(2)分配預算**

有預算不窮，最簡便做法，就是把每月收入的金錢，先扣除必要的固定支出，例如房貸、房租、車貸、學費、水電費及固定儲蓄等，再把收入依照所預估費用，分別放入信封袋，例如服飾費、生活費、旅遊費、交通費等；事先分配預算金額，照表支出，並嚴格執行。這樣花錢，就不會有入不敷出，或透支、負債等現象了。

### (3)需要才買

想要的很多，但需要的不多；像婦女的衣服、鞋子或飾品等，爲了省錢，應該節制一點，大概每一季頂多買個一、兩件流行新款就好。有一句警語是對婦女說的：「衣服永遠少一件。」何況，買太多，輪流也穿不到幾次就過季了；收存更煩惱，但是錢卻花掉，太浪費，多可惜也。先生愛買的休閒品、玩賞物、紀念品等，或私人的零嘴，如抽菸、喝酒、嚼檳榔等嗜好，也要省掉或減少些，不可無限上綱喔！

### (4)買現用品

買現在可用的東西，有些物品看起來漂亮，但目前用不著，就不要買，免得把錢白白花掉。我曾在倒店清倉中，買下一條漂亮的桌巾，放了好幾年未用，後來又因買的新餐桌上附有玻璃墊，就更用不到了，眞是白白浪費錢了。

## 4. 如何省錢

### (1)減少交際

親戚、朋友或同事間，盡量減少交際、應酬，像去聚餐、唱歌、跳舞、看表演等娛樂。紅包、白包等，也要酌量交情，適度就好。不必打腫臉充胖子，就瘦了荷包了。

台灣俗語說：**人情世事跟到夠，無鼎又無灶。**

### (2)節省小錢

節省花小錢，才能累積成大錢。像早餐在家吃，做三明治、中式漢堡、吃蛋餅、肉包子、什錦炒飯等；牛奶、咖啡自己泡、果汁自己打，營養又衛生。積少成多，節省下來的金錢，會多得讓你嚇一跳耶！

### (3)少零用錢

男人不抽菸、喝酒等，女人少買化妝品、或服飾、包包等。家中少買零食、飲料存放，以免方便就會多吃，這樣做，不僅可省錢，更可保健呢！

### (4)減少誘惑

少去逛夜市、十元商店、拍賣場、百貨公司，減少亂買無用物品的機會。旅遊、出國也少買紀念品，想當作紀念，就拍照即可。

### (5)不要借貸

不要向人借錢或借錢給人家；現在借錢給別人很危險，因爲人心瞬息萬變，常常要不回來錢，還會傷了感情。也不要隨便參加「互助會」或任何傳銷性質的團體，你在想得它的利息，它在想要你的本金，最後往往血本無歸。

### (6)不要作保

「保」這個字，拆開看就是呆人，親友缺錢時，您寧可量力借他一些錢，萬一還不了，也就算了。要是給人做保，你的財產全被設定抵押給銀行，或地下錢莊等，萬一對方信用破產或倒債了，你是連帶保證人，所有財產就會同樣被拍賣還債的。你家庭經濟也就跟著破產喔！

## 5. 如何存錢

### (1)儲蓄積財

平時一直花小錢，將來就沒有機會花大錢的。大錢是由小錢累積而成的，要先從小錢儲存起來，累積才有整筆的大錢可應用，例如投資、置產或出國旅遊等。

### (2)量入爲出

理財要量入爲出，收入比支出多，才能儲存一筆的錢，做爲臨時急需之用。有積蓄就可省掉很多煩惱和麻煩。生活比較有保障和安全感。

### (3)存錢備用

家中要準備「緊急用預備金」，自己至少要存每月收入金額的6個月以上，才夠支付意外天災或人禍，像失業、生病或車禍等費用。若單身一個人至少要存每月收入金額的3個月的存款。

### (4)勤儉致富

大富由天，小富由儉。中大獎等發大財，是可遇而不可求的。小民要小富，還是要靠勤儉才是王道。「滴水成河，粒米成籮」古有明訓，我們要努力做到喔！

### (5)執行預算

有預算不窮，有實踐不敗。家庭理財，每月一定要優先定額儲蓄，收入減掉儲蓄，再減掉貸款如房貸、車貸或房租等，並要保留生活費用。絕不要把生活費用，挪去投資或借人等。每月的各項預算，要確實執行。

**(6)健康爲重**

賺錢有數，身體要顧。賺取錢財固然很重要，但若是過度勞累而生病，危害到健康，用犧牲健康當交換的代價，就太不值得了；說不定會把賺到的錢財也會賠掉了。保護身體健康，少花醫療費用，這樣就能節省用錢，也算是賺錢喔！

**(7)人財兼顧**

賺錢有數，兒女要顧。若是只顧賺錢，而疏忽對兒女的管教，萬一變成敗家子，你辛苦賺的錢，也會被他們揮霍敗光，更是虧大了。兒女也是你最大的資產，你要及時好好教育他們，你賺的財富才保得住。

**(8)保固老本**

退休後的銀髮族，千萬不要把養老金，借給兒女、親友等，去投資或做生意，那是充滿風險的賭注，以免落得人財兩失，賠掉錢財，更傷害了感情。晚年也不可把財產，生前就分給兒女，避免兒女不孝而不奉養你，但可先預立遺囑，事先分配妥當，可免日後兒女引發爭產糾紛。有個順口溜，你知道吧，就是：

**人在天堂，錢在銀行；妻進佛堂，兒女對簿公堂。**

**有錢生活才安定　開源節流成效好**
**理財高招要多學　經營家業成就高**

# （二）消費管理

## 1. 預算費用

生活消費一定要有定額預算。可先分配好每個月，各種費用支出預估金額，先分類把錢放入各項費用的信封袋內，例如：儲蓄金X元，伙食費X元，孩子補習費X元，交通費X元，孝親費X元，房貸或車貸多少等；然後照預算支出。若每天收支有記帳簿登記更好，方便月底檢討後，再調整某一項目費用需再增加或減少。

### (1)食

伙食費多少，要從一天要花費多少，再估算一個月費用。主婦自己煮三餐，在家吃飯，經濟又實惠，比外食省錢很多。上班或上學帶便當，營養、衛生又節約。

主婦買菜學問大，以買本地、當季出產爲原則，便宜又安全。剛出產的蔬、果較貴，要少買，等盛產時再買，較便宜又較好吃，也少含農藥；盡量減少交際應酬費，也少請客免得花大筆錢。

### (2)衣

需要才買，不是想要就買，有時可省下不用花。因爲衣服或鞋子是永遠少一件的。擁有太多要整理和收存，也是一份工作負擔。同一季的衣服，最好一次只買一件，不要買太多件，才不會浪費太多錢，何況輪流穿不壞時，擺著又佔掉衣櫥空間，明年再穿，又退流行。尤其是買媽媽和小孩的衣服要多加節制。還有，買一雙新鞋，最好就丟掉一雙舊鞋。

### (3)住

購買家具用品，要注重精美、簡單、實用不佔空間，現代人，居住的房子坪數都不是很大，購買沙發、櫥櫃或電器用品等較大型傢俱，要依輕、薄、短、小四項原則，才能保留較寬敞的活動空間，住得更舒適。

年輕夫妻要設法自己購屋，先存錢夠付頭期款後，日後每月房租費就可抵分期貸款的費用，最後，你才能擁有自己的房子。全家人都養成節約用水、用電的好習慣，可省下很多資源和費用。

### (4)行

上班、上學或購物、外出辦事等。多坐公車、交通車、搭捷運或騎車，用走路更好；少坐計程車或自己開車，就可省下可觀的交通費或油錢。若怕上班或上學會遲到，那就提早出門就行了。

若是很短路程就用走路的，省錢又能運動，更有益健康；像我家的孩子，在台北市區，公車離家三、四站左右的路程，都是用走路的，健康、環保又省車錢。

### (5)育

家中幼兒的奶粉、尿布等費用，每月要核算好；上學後，孩子的學費、補習費、安親班費等。都是非繳不可的，月初就要預先保留下來。

幼小孩子若能由家長自己帶，可省下巨額的保母費；上學的孩子回家功課自己教，就能節省可觀的補習費；孩子讓他讀住家附近學區的公立幼稚園、小學、中學或高中，就可省下很多學費、交通費等。我們家都是這樣做到的；大學考取公立學校，也可省下大筆學雜費，如能住在家中，通車上、下學，更可節省可觀的租屋費或伙食費等。

(6)樂

***場所選擇**

休閒娛樂的花費可多可少，盡量享受免費的就可省錢。遊樂場所選擇公家開設的，像美術館、天文館、動物園、兒童樂園等，門票費用便宜很多。

若外出旅遊，我個人認爲孩子在幼小時，最好一日來回最省錢、省事，當天早去，當天晚一點回家，可節省大筆的住宿費，老人或小孩等，也不會太勞累。

***節制出國**

尤其孩子們，在念高中以前，最好不要花大錢帶小孩出國遊玩，小孩子是不太懂欣賞美景的，他們還不知道父母賺錢的辛苦，就先去吃、喝、玩、樂享福去；況且把心玩野了，以後就很難收回來的。

有人還標會或借錢出國遊玩，日後還債的痛苦，是會讓你家庭理財失衡大亂的。

## 2. 消費管控

### (1) 少些優惠卡

一般平凡的百姓，想要存錢致富，只能靠節儉一途的。像各種銀行或金融機構發行的信用卡、現金卡等，最好只用一、兩張；大賣場、商店、超商等提供的消費優惠卡，也不須擁有太多張，一、兩張夠用就好。

**一來：**太多張卡，對帳很複雜，萬一搞混了，就容易出差錯，嚴重的會導致信用破產。

**二來：**可避免因想要集點數或換贈品等，貪小利、小惠，而胡亂花錢消費，購買一些不經濟又不實惠的物品，造成過度消費，而白白浪費錢財。尤其千萬不要背上「卡債」，超高的循環利息，是會造成財務上嚴重的黑洞的。

**三來：**因不必付現金，容易隨意亂刷卡，買下不實用的物品，堆存家中反會佔據活動空間，更浪費辛苦賺來的錢財。

**（2）少花零用錢**

個人的零用錢，要多加節制，像先生不要抽菸、喝酒等；太太少買化妝品、服飾品；限制孩子零用金，親友的交際費等，積少成多，也可省下很多錢耶。

**（3）多管控能源**

家中固定的能源消費，像瓦斯費、水費、電費也要每月編列預算，節省著用，隨手關燈、關電扇、拔掉電插頭，少開冷氣，隨時關水龍頭等，每個人都有義務確實做到。

家人的電話費，個人的手機費用，零用金等，經過家庭會議決定後，應該設有上限，小孩若超出預算，就從他們的零用錢中扣抵，絕不可無限上綱的。

如此適當管理消費，家中財富，才能在穩定中不斷增加，主婦主導的家業，才能奮發向上，邁向更富裕的明天。

**消費管控做好　財富穩定成長**

**生活安定穩當　家業蒸蒸日上**

# （三）購物管理

## 1. 把握優惠

多利用百貨公司、大賣場、連鎖店、超市或商店等，推出優待、打折、特價或限時搶購等優惠，盡早去選購；此外，像使用信用卡刷卡，有購物折扣或叫車付費、餐廳消費都有優惠。

傳統市場接近中午要收攤時，會出清當天存貨，或黃昏市場接近收市時段，也都有便宜貨可挑選。此外，有些麵包店、食品店、量販店、大賣場或超市等，在晚間固定幾點鐘後，常有即期物品或熟食，拋售當天剩貨，折扣也很多，可適量選購。

## 2. 購物清單

採買購物前，要先列出每位家人的購物清單，也要嚴守照單採購。更要事先檢查食品儲藏櫃、冰箱裡的剩貨，避免重複買入太多，用不完又存放到過期，只能丟棄，就太浪費錢了。

## 3. 有效期限

購買物品前，先要看清每件物品的製造日期，保存期限、生產地、存放及使用方法，需冷凍、冷藏、常溫及調理要訣等。通常賣場裡冷藏櫃內的物品，像牛奶、飲料、豆腐等，放越後面的，保存日期越晚，東西就越新鮮。罐頭、乾貨如米、麵條、豆類等雜貨，整疊放在最下面或櫃子最後面的物品，有效日期也比較晚，物品就比較新鮮；可注意挑選。並留意是否有被廠商偷改標籤的有效日期。

## 4. 適量購買

食物是否新鮮，可用目測查看顏色、新鮮度等，可拿起來四周翻看，聞一聞氣味，摸一下材質，嘗一嘗樣品滋味，…。有些消費性的食品，不要買整箱或大包裝的，買太多份量，常吃同樣的食物也會膩的，放太久也會因過期而丟棄。

還有像汽水、可樂、果汁等飲料，餅乾、糖果等休閒食品，最好不要買大包裝的，俗話說：「**俗物吃破家**」，你貪便宜，買過多會吃不完，放到過期只好丟棄，卻浪費了很多錢；何況買越多回家存放，家人方便隨手就拿來吃，吃過多會肥胖及降低三餐食慾，會嚴重影響健康的。

若賣場有大包裝促銷，可以邀請親友共同購買，分擔數量和費用。還有，現在很流行的網路團購宅配，常是休閒零食較多，多非日常生活必需品，最好少買才可省錢；而且事先並未親眼看見貨品優劣，容易產生買賣糾紛，所以要多節制或三思再買。

## 5. 當地當季

購買本地或國產的當季食材或食物，好處很多；例如當季出產的蔬菜、水果，因配合氣候冷熱、雨水多寡等，自然環境因素影響，病蟲害較少，所以不須洒很多農藥；蔬果的熟度剛夠、味道香甜，口感也比較好；而且產量大時，價格就會更便宜。從產地運送到消費者手中，路程短，可省包裝費、運送費、保鮮處理費、報關費等；時間又快速，更可保持新鮮、營養和美味。

購買國外進口的農產品，可就沒有地利之便，無論品質、保鮮或價格，就相對貴很多了。更何況選購本地的產物，也能支持和愛護本土的農民和農業耶。

**購物要精打細算　貨比三家憑經驗**

**少量當季又本地　消費高手靠磨練**

# （四）清潔管理

## 1. 分工合作

家中清潔打掃工作，是天天例行的重要家務，家事就是家人大家的事，所以人人有責，孩子按照年齡大小，分配適當的工作，像我三個小孩上小學期間，每天傍晚要輪流做好三件工作：

**(1)收好鞋和垃圾**

拿玄關裡的鞋子，分別擺進個人的鞋櫃格子；收集各房間垃圾桶的垃圾，並分類打包好，以便準時送交垃圾車。

**(2)擺好吃飯用品**

擺好晚餐桌上每個人的碗筷、湯匙、小碟子、菜渣盒等。

**(3)摺衣並分送好**

三個人要摺好自己和三個大人的衣服，並分送進個人衣櫃內。我曾製作一個「每週輪值工作表」，每天傍晚6點以前要完成上述工作。她們每做好一樣，就在輪值表上面的考績空格上打勾，並且訂有獎懲辦法，這樣權責分明，管理起來很省時又省事。

上國、高中後，則要輪流洗碗、擦地，打掃自己房間和分配的公共區域等工作。孩子從小就要訓練她學會做家事，所謂：一回生，兩回熟，三回變高手。

家長一定要有耐心又親切的指導，多鼓勵、稱讚、示範和監督，做家事不僅能讓他們擁有自信、自立的能力，更能培養對家庭的責任感和向心力。更重要的是養成勤勞和愛乾淨的好習慣。

## 2. 定期打掃

公共區域由家人依年齡、能力分配負責區域，如客廳、餐廳或書房等的桌椅、門窗、地板，還有廁所等，可分3種方式清理打掃：

### (1)小洗

***隨手清理**

就是使用過後，就隨手清洗乾淨。像用過的水杯、刀叉或果盤，餐桌和飯後碗筷、菜盤等，一定要馬上收拾、清洗乾淨並晾乾，以免肉、魚等殘渣，招來蒼蠅、螞蟻、蟑螂等害蟲而傳染病菌。

***廚房用具**

像鍋、碗、瓢、盆、刀具等，用完就清理乾淨並晾乾。料理台、瓦斯爐和地板等，也要擦拭乾淨。才不會造成髒亂，環境才能保持整潔、清爽。

***廁所清理**

廁所的馬桶、浴缸或洗臉盆，用過後立刻隨手刷洗幾下，保持潔淨、清爽；浴室使用後要用拖把擦乾淨，盥洗用品要放在釘掛的角架上。濕毛巾要掛室外晾乾。

尤其馬桶每次大、小便後，要先把馬桶蓋子蓋上後，再壓水沖洗；因若沒先蓋好就先沖水，馬桶內的水流和氣體漩渦，會把所排出穢物中的很多種細菌、廢氣、臭氣等，往上衝達六英呎之高，並透過抽風機抽風，就在廁所內散開瀰漫，嚴重汙染了毛巾、牙刷等盥洗用品，這是會嚴重妨害健康的。

### (2)中洗

一周或兩周清洗一次，客廳的茶几、沙發或房間的門窗、桌椅等，廚房的微波爐、瓦斯爐台等炊煮用具，廁所的地板、洗臉台，都要清理乾淨。還有，夏天用的電扇扇葉及外罩、冷氣機的濾網等，都要清洗附著的灰塵污物，如此保養，既衛生又能省電。

### (3)大洗

可依照家人使用次數多或少，再決定一或兩個月大清洗一次，商定大家都方便的假日半天，全家動員大掃除。做完工作後，可安排一起外出吃飯或遊玩，作爲慰勞、犒賞或獎勵一番。

## 3. 環境管理

### (1)淨化

台北市環保局的垃圾車有一句很好的標語：

**清潔就是美麗的力量。**

***隨手整理**

日用品如茶杯、果盤等，使用後要馬上清洗，保持衛生和整齊，茶几上的書報、雜誌等，看過就要放回原處，或送去回收。外出衣服穿過後，若有弄髒的，回家脫下，就要放入洗衣籃內備洗，可再穿的，就歸回原位掛好；避免造成環境凌亂，影響觀感和心情。

***清除垃圾**

客廳、房間和廚房、書房等，垃圾每天要清理倒掉。地板的灰塵也要每天清掃，家人不要跪或蹲著擦地板，可先利用掃地機或電動吸塵器，先清掃一番，再用濕、乾拖把各擦一遍，就可省時、省力、省事多了。髒亂是環境大忌，乾淨、整齊才是居家王道。

## (2)綠化

### *賞心悅目

家中庭院或陽台，最好種些花草或小樹等盆栽；室內也可用水盆、空瓶罐等水耕法，擺放在茶几、書桌、牆角、廚房、化妝台或電視櫃上等，廚房或廁所也可用懸吊式小盆栽掛在牆壁上；除了賞心悅目外，又能增添清爽綠意；並能紓緩緊張、壓力和帶來好心情。

### *增添情趣

像黃金葛、虎尾蘭或多肉植物等，能吸收浮塵、甲醇等空氣中的毒素，有淨化空氣功效。家人抽空澆水、施肥、修枝等，忙裏偷閒，放鬆一下身心，也滿有趣的。

我家在陽台和花台，就栽了十多種植物，也種過楊桃樹、玉蘭花、洋紫荊等，常常招來飛舞的蜂、蝶，悅耳的鳥叫聲，平添許多生活情趣！

## (3)美化

美化家園也是家人或主婦，大家要努力追求的，在牆上掛幾幅漂亮的圖畫，不必是名家、名畫或眞跡，仿拓本也一樣好看。我家就常應用過期月曆上的名畫、風景或水果畫照片，不論是水彩畫或攝影作品，加以裁切裝框掛在牆上，十分美觀、養眼呢！

### *牆壁掛畫

我每年年初都在客廳、餐廳、書房、臥室都各掛上一幅很美的月曆，當作現成的壁畫，而且每月都更新一張，每次看日期就看一眼，心情也很愉悅呢！

我順便建議，可否請贈送月曆的單位，像銀行、公司、商店、機關等，月曆上印的圖案，最好是選擇看起來美美的、清爽的、養眼的；盡量不要有黑色、灰色、咖啡色等黯沉色調，因爲它是要掛在家中、辦公室等場所，供人賞心悅目用的，才會更受歡迎的。

這也是我們許多媽媽共同的感想，我很誠意提供參考，表達我對社會公共事務的關心啦！

***櫥櫃擺飾**

電視櫃櫥裏擺放一些，到各處旅遊的紀念品，先生或孩子們的光榮獎盃、小玩意等，可以隨時溫習或分享片段美好的回憶。

如果物件太多了，也可仿照故宮博物院做法，定期每三或六個月更換一批陳列品，順便清理櫥櫃一番，變化是人生的香料！好看、好玩又有趣耶！

主婦能帶領家人，把居家環境打理得整齊、清淨、美觀又舒適，先生和孩子就更樂意回家，窩在家裡享清福囉！

**家事是大家的事　環境整潔心情好**

**同心協力來合作　身心健康顏值高**

# （五）飲食管理

家中每天三餐的飲食，是一件值得關注的大事。飲食是生命之火，廚房是藥局，媽媽就像營養師，三餐調理得好，全家人吃得營養又健康。

根據國健署在民國107年公布的「國人每日飲食指南」，指出我們每日要從「六大類」食物中，就是全穀雜糧類、豆魚蛋肉類、蔬菜類、水果類、乳品類、油脂及堅果種子類，獲得均衡又足量的各種營養素，且吃入與消耗的熱量達到平衡。下列提供飲食要點跟大家分享：

## 1. 吃飯要點

### (1)定時

主婦要固定時間煮飯，讓家人能固定時間吃飯。對胃腸保健很有益處。求學中的孩子，每天要在家吃過早餐，才去上學。養成每天回家吃晚飯的習慣，大學生要是臨時學校有社團等活動，應該在下午四點以前，就打電話回家告訴主婦。三餐定時吃飯，長期下來對胃腸消化及吸收，才有很好的保健功效。

### (2)定量

每餐吃固定份量，以七或八分飽最好。小孩子可使用餐盤盛菜，把要他吃的飯菜份量裝成一盤，營養會比較均衡外，還可避免在餐桌上，親子上演拋繡球戲碼，孩子在七歲前，就要他養成不偏食、挑食、暴飲、暴食等壞習慣，才能終身受益。

家人要盡量回家一起吃晚飯，黃昏時間就是家庭的黃金時間，家人各自忙了一整天，此時此刻能歡聚一起吃飯、聊天，是最大的福份，要多加珍惜的。

**(3)定點**

家人都要同時圍聚餐桌，一起專心吃飯，有說有笑，珍惜聚餐共食的歡樂氣氛，不可個人私自一面看電視、玩手機或看書報等，更不可離席去做別的事。不挑食、不偏食、不搶食。小孩子吃飯時，要固定坐在餐桌椅子上，不可亂跑才安全。

全家圍桌共食，可學會禮讓、分食等美德，最好在家養成使用公筷母匙，外出跟別人或團體共食，才有良好習慣。

吃飯不要太嚴肅，可閒談輕鬆話題或說幽默有趣笑話。

## 2. 吃飯方法

**(1)吃飯順序**

先喝湯類，再吃蔬菜類，接著吃魚、肉類，最後才吃澱粉類：主食如米飯、米粉、麵食、饅頭等。時代生活型態不同了，現在的三餐已改成吃菜配飯，多吃一點蔬菜，少吃些澱粉類。對養生、保健、控制體重，都很有益處。

吃飯可區分成三種類別：用眼吃—看菜餚美色；用嘴吃—只注重口味；用腦吃—愛保健養生，第三種吃法對健康最有益處。

**(2)細嚼慢嚥**

一口飯菜至少要咀嚼15下「次」以上，小孩子、減肥者及中老年者，更需要小口小口地，慢慢嚼細和吞嚥，根據醫學研究，這樣做，還可刺激大腦活力，小孩會比較聰明，減重者才能收到功效，而老人更可預防癡呆症呢！吃太快容易嗆到喉嚨，會噴飯、咳嗽甚至嘔吐，而且飯後胃腸會脹氣或排氣，很不利胃腸的消化和吸收。

### (3)吃飯禮貌

口中有食物時，不要說話、問話或回話，避免會嗆到喉嚨的「會厭軟骨」卽俗稱的「氣管蓋」，導致咳嗽、嘔吐、噴出飯菜或口語不清等，是很失禮的行爲，而且會吃進過多空氣，飯後造成打嗝或排氣，會消化不良。

### (4)輕鬆愉快

吃飯皇帝大，吃飯時不必太嚴肅，可談些輕鬆、愉快、有趣或好笑的事；但是千萬不要問孩子功課或考試成績，更不可責罵或數落他的不是，大人也不要談論煩惱的事，否則，日久會引起消化不良，或胃潰瘍等胃腸疾病。

## 3. 重視吃飯

### (1)趕快來吃

吃飯是要趁飯菜起鍋後，趁熱騰騰時趕快享用，這時的味道、口感及營養會更好。主婦喊叫吃飯時，家人就要立刻來餐桌旁就位，或提早過來幫忙擺碗筷、塡飯或端菜等工作，絕不要做電視樹、電腦蠟像或手機植物人，要人催叫多次才姍姍來遲。家人看重吃飯這一件要事，不僅對自己身心保健有益處，也是表示對主婦，費心盡力準備餐食的工作，表示十分敬重和尊重的心意。

**(2)表達感謝**

隨時懷著感恩的心，對煮婦多多稱讚或道謝。例如：

孩子說：這道「豆腐鑲肉」好好吃喔！謝謝媽媽！

先生說：這道「番茄炒蛋」，我最愛！謝謝太太！

以回報她們的愛心和辛勞，讓她們能獲得肯定和成就感。愛到最高點，就是把菜吃光光。吃飽後可再一次謝謝媽媽或太太喔。

**(3)餐後收拾**

家人可一起分工或輪流排班，收拾碗筷、擦淨飯桌等膳後工作。養成分工、負責、同心協力等良好習慣，主婦要從小就訓練孩子這樣做，起初有點勉強，但是，凡事只要連續做21天就變成習慣了；有的家庭，爲避免彼此偷懶推託責任，乾脆各洗自己的碗筷，空盤子則由最後吃完的人洗囉！

**(4)飯後走動**

吃過飯後，半小時內不要坐著不動，像看電視、玩手機等；而是要走動或散步一下，也可跟小孩玩一玩、做些輕鬆家事等；也不要飯後馬上睡覺，或洗澡、做運動等。才能幫助腸胃消化，有益健康。

## 4. 飲水守則

**(1)燒開水法**

最好用濾水器過濾的水來煮，前一天晚上就可把水裝進水壺裏，水質較好，隔天早上再燒水；若是早上才接水，因水管中的水，經過一夜後，易含有沉澱的不良雜質等。

開水煮滾開後，要打開水壺蓋子，並轉小火續滾約五分鐘以上，以消滅細菌及蒸發掉殘留的氯氣等消毒劑；同時要打開抽風機抽風，主婦更要離開爐旁，以確保安全。

因自來水公司的儲水槽裏，使用來消毒的氯氣會殘留在水中，遇到水中有機物質，會生成三鹵甲烷，常飲用會毒害肝臟和腎臟，因此要讓它隨水蒸氣揮發散掉，才可避免喝下肚而傷身。

**(2)喝當天水**

煮滾過的開水最好當天喝完，最多只能多存放一天，因放太久後，水中的有益人體的微生物就會消失掉。最好不要使用飲水機，怕出水口會積存細菌；也少用開飲機，因開水不宜整天重複加熱飲用。

**(3)喝水足夠**

每天都要喝足夠的飲水，這對身體的消化、吸收或排除廢物，都有很大的功效。每天喝的總份量，因人而定，把握一個原則，就是依照自己體重來決定，體重每1公斤約要喝30 CC的水才夠，若你體重60公斤，那一天就至少要喝1800 CC的水。

**(4)少量多次**

最好是少量多次，所謂：「多喝、少飲、不可牛飲」身體才容易吸收，最好平均分一小段並小口喝下，例如：早上起床喝300CC 溫開水；上午分幾次喝夠500 CC；下午分幾次喝500 CC，傍晚或運動後再分次喝500 CC。

切記要平均分散補充一天所需水份，每次要小口慢慢喝，身體內器官才能慢慢吸收到水份，一下子喝太快或太多，則水份來不及吸收，就流失變成尿液了；這樣做，身體才能隨時保有充足水份，喝溫開水最好，盡量不喝冰水。

**(5)時地要分**

爲了上廁所解尿方便，在家或室內多喝一些，外出或搭車就少喝一點；白天多喝一點，晚上就少喝點，尤其晚上8點以後，要節制少喝點，避免夜半頻尿，影響安眠，特別是年長的銀髮族或幼童。

**(6)開水最好**

白開水對身體保健最好，任何飲料都比不上它的益處，汽水、可樂、果汁、茶、咖啡或其他飲料，都常含有色素、糖精、防腐劑等很多種添加物，時常喝會影響身心健康；尤其青少年喝太多含醣飲料，會影響生長發育、加重過動行爲等不良後果；家長還是從小給孩子喝白開水最健康，請不要把飲料當飲水喔！

**(7)外出自備**

平時外出，要養成隨身自備小瓶的開水；長途開車旅遊時，要自備多個大罐水壺裝水，乾淨、衛生又很省錢。有些人外出時就購買礦泉水飲用，算一算價錢，買水比汽車買汽油還貴耶！

**(8)小口慢喝**

喝水應該用水杯喝，嘴巴沿著杯口慢慢喝下肚，而且要間隔約一小段時間就喝一次。瓶裝水也不要就著瓶口灌入口中，會喝得太急、太快，很容易嗆到喉嚨，尤其老人和小孩，萬一被水嗆到喉嚨，會咳嗽、會噴出，甚至跑進肺部，造成發炎或傷病，是很不良的壞習慣，要避免才好。

**飲食是生命之火　是養生第一重要**

**吃出健康和聰明　營養均衡才夠好**

# （六）烹飪管理

## 1. 省時省事

### (1)冷凍退冰

今天預定要煮的食材，像魚、肉類等，昨夜就可先從冷凍庫拿到冷藏室稍退冰，可節省冰箱能源和退冰時間。或是當天才取出，用塑膠袋把袋口綁緊，再放進冰水盆子內泡，也可用水龍頭的小水滴輕輕沖泡，退冰也很快速。

### (2)滾水備用

進入廚房時首先打開爐火，燒一鍋滾開水備用，可省時、省事又省瓦斯費，如此應用快速又便利。其用途可做：

*煮飯時，電鍋內及外鍋用水－可減短煮熟時間和省電費。

*煮湯菜用的熱湯－可省時，更快煮熟又省瓦斯。

*炒菜時撒入的熱水－快熱又省時，菜色可保青綠不變黃。

*氽燙魚塊、肉骨、青菜等用水－節省等候燒滾時間。

## 2. 冰箱管理

### (1)通風良好

家中冰箱要放在通風良好處，跟四周牆壁的距離不少於10釐米，以利散熱；也不要靠近爐火旁或會晒到陽光等熱氣，才能提升冰箱的冷藏功能。

### (2)限制容量

只裝6-8分滿，才能保鮮、省電又方便拿取食物。過量會降低食物保鮮度。

### (3)注意清理

有髒汙就隨手擦乾淨，至少一周要全部清理及擦拭一次，發現將到期的食物趕快先吃完，發現已過期、發霉或腐壞食物要立刻丟棄。擦拭冰箱門面及把手，可使用殘餘牙膏擦過後，再用清水抹淨，就可保持潔白光亮如新。隨時保持乾淨、清爽、整潔、衛生等。

### (4)緊閉封口

熟食要用保鮮盒、有蓋容器或有封口的塑膠袋存放。生鮮蔬、果，先摘除壞葉，再裝進塑膠袋並把封口紮緊，可保鮮、衛生，水分才不會被蒸發掉，而變枯萎了。

### (5)分類區隔

冷藏室及冷凍室內，熟食跟生品，要用隔板分開放置。並隨存放食物多寡，注意要調節保溫冷度。可在門上貼張「食物清單表」簡單記載肉片、肉絲有幾包，魚有幾條等。且同類食物要放固定位置，方便快速拿取。

### (6)前置處理

放進冰箱儲存的食物要新鮮、衛生又乾淨，才不會飄散異味或污染其他食物。魚要洗淨且分裝好，肉類要切小塊並分裝成一次分量，蔬菜要摘除枯黃或老葉等；水果則整顆存放，不可去皮或提早切好，才不會流失營養。

### (7)適量包裝

冰箱裡的食品都要用保鮮盒、塑膠袋或保鮮膜包裝好，其作用是防止食品因冷藏或冷凍，而流失水分或相互污染，還可減少化霜次數。需冷凍的魚、肉，應按家庭一次烹煮食用份量，事先分裝成小包裝，防止大塊食品多次解凍後，會影響其營養價值及鮮度，同時也較費電。

**(8)盡快開關**

隨時注意冰箱門要關緊，避免漏氣而耗電。冰箱不要常打開或打開太久：每次先想好要拿出那幾種食物，打開門後，就快速一一取出，這樣才能省電；根據專家說，冰箱每次打開5秒鐘—嘴巴默數1—5，馬達就要再打一次氣，很消耗電力的。不過，現在新型的冰箱，已裝有自動鳴聲器提醒了。

## 3. 煮飯要訣

**(1)洗米要訣**

洗米不超過3次，白米最好也混入適量的、糙米或胚芽米等，或再加入適量地瓜、南瓜、薏仁等兩、三種，營養更均衡。

**(2)米中加料**

洗淨加適量冷水，先需浸泡約20—30分鐘，並在米鍋內滴進一、兩滴食用油、白醋或檸檬汁，接著放進電鍋內鍋煮滾後，可使飯煮熟後，會更鬆軟可口。記得內、外鍋的水，都是要用熱開水；這樣，雙熱齊用，可使米飯煮得快又好吃，更能省電力和費用。

**(3)煮好翻動**

飯煮好悶熟後，要打開鍋蓋，並用飯匙把鍋內的飯粒，輕輕翻動、攪鬆幾下，使它散熱約5分鐘，等熱度稍減後再吃，這時它就會產生較多抗性澱粉。

這種抗性澱粉較不易轉化成醣類，有益控制血糖，且對減肥及預防腸癌，都有很好功效。同時讓水氣蒸發掉一些，米飯也會更鬆軟有彈性。日本人愛吃放涼的飯糰或壽司，對健康長壽是有助益的！

## 4. 煮肉要訣

### (1)讓肉變軟

***敲打肉身**

豬排、雞排或牛排，可使用刀背、擀麵棍或專用的敲肉錘子等器具，輕輕並均勻拍打，肉就可變得鬆軟了。

***浸泡鹽水**

像雞胸肉脂肪較少或較硬的肉，可放入鹽水中浸泡約1小時，讓鹽水滲透到肉的細胞中，可讓肉中的蛋白質吸飽水分，就會使肉質變得軟嫩。鹽水濃度100克的水，大約用5克的鹽巴。

***酸液醃泡**

使用酸性汁液來醃泡肉品，例如各類紅酒、白醋或優格等，因它們都具有果酸、醋酸或乳酸，可分解肉中的蛋白質和纖維，使肉變得軟嫩可口。但較適用在較薄的肉片或肉絲等，且時間需在1至2小時內就夠，超時肉反會變太爛了。

### (2)肉類煮法

*可水煮：如白斬雞、白斬五花肉、涮羊肉、涮牛肉火鍋。

*可煎炒：如炒肉片、炒肉絲，可加入洋蔥、韭黃、馬鈴薯或 青菜類，也可煎肉片、煎雞腿等。

*可油炸：如炸排骨、炸雞腿等，雖較香味，但較不符合保健原則，偶而吃吃就好。

*可燉煲：如燉人參雞、清燉排骨、金針排骨、煲十全大補湯等。

*可燒烤：如紅燒牛肉、烤雞腿、烤乳豬等。

*可用滷：如滷排骨、滷雞腿、滷牛肉等，一般會加入醬油或香料等。

以上所舉是一般家常菜。至於中菜、台菜、客家菜及各國西餐等，做法就各顯神通了。

## 5. 煎魚要訣

不破皮法： 關於煎魚要煎得整條完好、不破皮，可有下列要訣：

***抹乾魚身**

買魚時，賣家會宰殺並清除魚鰭、內臟、血塊等，回家再清洗一、兩次後，要在魚身肉較厚的部分，劃下三、四處斜刀，深及快見中骨，使魚肉內部較易煎熟；接著再擺在有孔洞的濾杓，滴乾水分後，再用廚房紙巾把魚身內、外擦拭乾爽；也可把魚身包裹著紙巾，再放入冰箱內約半小時，除水份更快乾些。這些都是前置作業。

***薄抹麵粉**

在乾爽的魚身上，輕輕沾上一層薄薄麵粉，或刷抹上一層薄薄蛋液，以保護魚皮不裂開，讓魚身內部的蛋白質盡快凝固。

***鍋內抹薑**

乾鍋內先用生薑片抹擦兩、三遍，再放入適量食油，油熱度夠時，再放入整條魚下去煎。

***撒點鹽巴**

放適量的油入鍋中，再均勻撒上少許薄鹽巴，或把少許鹽巴輕抹在魚身上亦可的。以上3法，可擇一使用就可。

***鍋熱放魚**

乾鍋內先放油，待油熱到微冒輕煙時再放入魚身，爲防濺油，可用雙手分別抓住魚頭及尾巴，再以跟鍋面呈90度垂直方向，輕輕放入鍋中，油就不會濺噴鍋外了，而且要等魚身定型後才可翻面煎。

***皮熟翻身**

依照魚身大小或魚肉厚薄情況，中火煎約3或4分鐘，再轉小火煎3到5分鐘後，可輕輕搖晃鍋子，若魚身會左、右移動，就表示魚已定型，可用鏟子撐起翻面，再運用同法繼續再煎到熟爲止。

***可加水煮**

若乾煎熟透了，就可直接吃，或加入適量佐料，例如醬油、番茄醬或蔥、薑絲或蒜片等，爲預防萬一內層沒熟透，例如頭部或魚身中間較厚部分，則可加入一些熱水，以小火多滾煮3或5分鐘，直到水份收乾就可。

以上是一般家常菜做法，其他煮湯、燒、烤等各種方式就太多了，讀者若有興趣，可再看食譜學習喔！

## 6. 炒菜原則

### (1)清除農藥

***沖洗法**

青菜洗乾淨後，要放在流動的水中泡水，但不超過15至20分鐘，避免水溶性的維他命B或C等，會隨流水損失掉了。青菜要快洗、快切、快炒或快煮，更要快吃！營養才不會流失。

***殺青法**

就是鍋中用滾開的水，把青菜放入，輕翻動幾下，變深綠色時就撈起，用冷開水沖或泡一下，以防變褐色。最好加入肉燥、醬油或美乃滋等調味，涼拌後就直接食用；或加佐料再炒、煮湯或擺盤亦可。

***蒸發法**

可兩、三種蔬菜一起炒，炒青菜要加肉絲、小魚乾、蝦皮等，煮魚要加豆腐，燉肉要加洋蔥、紅蘿蔔；如此，葷素搭配同煮，營養更均衡。不要加鍋蓋，以便蒸發掉殘留農藥，且菜色也較不會變黃。

**(2)炒菜六輕**

烹調菜餚要注重「六輕」，就是輕油、輕鹽、輕糖、輕辣、輕佐料、輕熱量。煮法以蒸、煮、油水炒較好，少用燒烤、油炸、燉、煲等，因高溫、高油及煮太久，營養較會流失。

**(3)炒菜三要**

*要放油後，就放菜下去炒，不可等鍋中油冒煙，再放菜入鍋，可免因高溫而破壞營養，也能避免吸入過多油煙，才可大大降低肺癌的危險。並要打開抽油煙機持續抽風，門窗也要打開，保持空氣流通。

*炒完每一道菜後，一定要洗淨鍋子後，再續炒第二道菜，避免鍋中前一道菜殘留的油脂、菜渣，當鍋子再次加熱時，會因高溫燒焦後，而產生「苯並比」的一級致癌物。平時也不要吃燒焦食物，才能保健。

*盡量以低溫烹調食物，最好是用水煮、汆燙、涼拌等；因高溫烹調食物，會產生「丙烯西胺」致癌物，例如油炸、烘焙、燒烤及燒焦食物等。像炸魚、烤肉、炸薯條、洋蔥等食物，容易跟罹患肺癌、乳腺癌、胃癌、食道癌等有重大因果關係。

**(4)原味原香**

烹煮或購買的魚、肉或蔬菜等，要注重保持原色、原味、原香，少買或少吃加工醃製的醬菜、香腸、臘肉、鹹魚、皮蛋等，或魚丸、肉丸、肉鬆等加工食品；燒烤或油炸的魚、肉、蔬菜等也要盡量少吃。

**(5)食材儲存**

蔥段、薑片、蒜瓣、辣椒等調味佐料，或毛豆、山藥、紅蘿蔔、玉米粒、馬鈴薯等根、莖、果類食材，在颱風季前或很便宜時，可多購買一些，清洗、切好小塊並放乾後，再分裝成小包，存放在冷凍庫，隨時拿出使用，省錢又便利。

**(6)冷凍保鮮**

檸檬保鮮：檸檬盛產季節很便宜，可多買一些，擠出果汁，放進製冰格子盒內，存放冷凍庫，每次要使用時，再拿出一、兩個冰塊，浸泡成檸檬冰水喝，檸檬富含維他命C，學生或上班族可消除疲勞、緊張和壓力；女性同胞還可有皮膚美白效果。其他有些水果，也可應用此法儲存。

**(7)高湯冰塊**

把大骨汆燙去掉血水洗淨，並加入幾滴醋，久煮成高湯，富含鈣質；撈掉大骨，把湯放涼後，待上層油脂結塊時，先撈出丟掉後，再把湯汁分裝成小包分量，儲放冷凍庫；要使用前，拿出一包浸在冷水裡，幾分鐘後水袋鬆開了，再把冰塊放進湯鍋裡和根、莖類等蔬菜，一起煮成菜湯，就營養、香甜啦！。

以上兩方法，都是一次準備，分次使用，省時又省事。

**(8)私房祕訣**

*炒蛋在攪打蛋液時，加入一湯匙溫開水攪拌均勻，等待鍋中油熱後才倒入，炒好會更鬆嫩可口。並可加入適量蔥珠、紫蘇、香椿、番茄丁、九層塔、 胡蔔蔔絲等，營養又美味。

*炒茄子加點醋，就不變色。

*煮麵條或餃子加點鹽，鍋水不外溢。煮好撈起時，加點油並伴動幾下，就互不沾黏了。

*煮白煮蛋加點鹽又放 進一支鐵湯匙，就不裂殼。

*炒菜太鹹，加點白糖；煮湯太鹹，放入豆腐，就可調和改進變好吃。

## 7.爐火管理

***慎用瓦斯**

火爐上開著瓦斯煮東西或燒開水時，主婦不要離開廚房，不要去接電話、講手機或管教小孩等，萬一非去不可，就要暫時關掉瓦斯熄火，或隨身攜帶「定時器」，按下設定時間，等警笛聲一響，就要回來關照爐火；如此，才可避免因忘記關火，而燒焦爐上的食物和鍋子，甚至引發火災等危險後果。

***保護健康**

烹調食物時，炒鍋會冒出油煙、熱氣和廢氣等，所以要打開門窗和抽風機，爲防吸入油煙等，會傷害肺部健康，最好戴上口罩；為防油煙汙染或飄附在頭髮、衣服和身體，要戴上浴帽、穿圍兜；這樣做，少了油煙味，才會多了女人味喔！

炒完菜後，還要讓抽油煙機多抽至少5到10分鐘，讓殘留廚房的油煙消散掉；主婦也要趕緊去盥洗室內捧起水，沖洗一把臉，去除飄附在臉上的油汙，可免油汙沉澱在臉上，見到陽光後就沉澱成黑斑，那是炒菜斑，別誤以為是老人斑喔！

***共享美食**

主婦炒完最後一道菜後，只要先把切菜板及刀具洗好、掛好，就要擱下收拾廚房工作，趕快及時加入飯局，跟先生、孩子等，一齊同享餐桌上，有說有笑的歡聚時刻。可別像女傭一樣，趕忙清洗鍋瓢、料理台等，收拾個沒完沒了，最後，才怨嘆、自憐地獨自吃剩飯、剩菜喔！那是非常不智行為喔！

***炊具收好**

吃飯用過的碗筷、湯匙、碟、盤等，廚房用過各種刀、鏟、鍋、瓢、盆、桌布、抹布等，都要當天當餐，吃過飯後，馬上清洗乾淨和晾乾，要請家人一起分工合作。千萬不可擱放堆著或泡著不洗，這是很不衛生的壞習慣，且留存的菜肉殘渣，易招來蚊、蠅、螞蟻等傳染病菌。

***安全維護**

瓦斯開關要關好，爐架上不要擺放任何炊具，像水壺、湯鍋或炒菜鍋等，最好也把爐上的鐵架框子也拿起擱放牆邊。這樣爐架上清空，就不會有開爐火的危險。

水龍頭要關緊，電鍋、烤箱、微波爐等，要檢查有否已拔掉插頭。冰箱門有否關緊。菜刀、剪刀等炊具利器或熱水壺等，要放在小孩拿不到的高處。若有弄濕的地板，要隨手擦乾淨，避免家人滑倒。小孩不可在廚房或餐廳奔跑、嘻鬧，以免不慎撞倒熱湯或刀鏟等利器。

**飲食是保健之母　廚房就像是藥房**
**主婦要精研烹調　新鮮營養保健康**

# （七）安全管理

## 1. 防火須知

### (1)慎用暖氣

冷天使用電暖器要設定時開關器，四周不可放易燃物品，如紙張、紙盒、衣物、被毯、塑膠品等。

### (2)記得熄火

祭拜神明或祖先時，不要在屋內燒紙錢，點燃的燈、及蠟燭等，一定要等待事後完全熄滅，才可離開現場。

### (3)不離爐火

電爐、瓦斯爐等烹煮食物時，人不可離開現場，必要離開一下時（像接聽門鈴、電話等），要暫時關閉爐火，或使用定時器呼叫，提醒關火時間，確保安全。更要記住，煮完食物後，鍋子、水壺等炊煮用具，要拿開爐架上，以確保爐火是關閉的。

### (4)不可玩火

火柴、鞭炮、打火機等，要收藏在安全高處或鎖好，不可讓小孩輕易拿去玩弄，才可避免引起火災。

### (5)電器保固

電線插頭或延長線不可使用太多個，會使電量負荷超載，容易引起火災：電線老舊要定期更換，或發現外觀有損壞或被老鼠咬破時，要立刻更換新的；插頭不用電時，隨手先拔掉；電線不可靠近易燃物；買有「安全標章」產品等。

### (6)不要抽菸

不要在室內抽菸，更不可躺臥在沙發或床上抽菸，避免不小心睡著後，菸蒂引發火災。產生的二手菸更會傷害家人健康。

### (7)梯間清空

一樓樓梯間不可存放機車，怕漏油又丟菸蒂，會引起火災，各層的樓梯間，絕不可堆放雜物，阻礙逃生出口。

### (8)預留出口

窗台或陽台裝設有鐵窗時，要預留逃生出口，若平時有上鎖時，要把鑰匙存放在家人都知道的定點。

進出的走廊、一般逃生口或屋頂避難之樓梯口，不可堆放雜物，以利緊急逃生。高樓室外最好裝設逃生梯。

### (9)檢查設備

離家和睡前要檢查瓦斯和水、電是否關閉，電器用品插頭要拔掉，水龍頭、門窗要關緊等。

### (10)使用設備

家人要學會使用滅火器、消防水帶等，及熟知逃生避難路線。若室外設有逃生梯，也要平時就熟知使用方法。

## 2. 火災逃生

### (1)預防設備

家中客廳、廚房或房間的中間牆上，要安裝「火災警報器」或「煙霧偵測器」，用以提醒萬一發生火災，可及時滅火、逃生或報警等。

**(2)逃生路線**

平日須設想好緊急逃生計畫和路線，及準備逃生設備或用品包，可備而不用，以防萬一火勢擴大，無法自己撲滅時，可緊急逃生之用。

**(3)立刻滅火**

當火災發生時，要立刻使用滅火器噴滅火源，或打開消防栓噴水滅火。並要定期檢查這些器具的有效使用期限。若是電器設備引起的火災，要先截斷電源開關再滅火。

**(4)滅火方式**

**★普通物品**

像紙張類、棉布類、橡膠類、塑膠類、木製類等發生火災時，可藉水或滅火器噴灑，以快速收到降溫，及滅火的目的。

電器用品電鍋、微波爐、電熱器、電熨斗等，通電中的電器設備所 引起之火災，首先要用不會導的器具，截斷電源開關，或用不會導電的滅火用具控制火勢並滅火。

**★油類用品**

瓦斯爐火、食用油、佛堂的蠟燭火、塗料油漆等，發生火災時，因含有油料，必須要用抹布或毛巾立刻掩蓋著火處，以隔離氧氣，讓火源窒息，再移開可燃物及設法降溫，達到滅火功效，千萬不可拿水去滅火的。

**(5)用逃生袋**

家中要準備「濃煙逃生袋」內有手電筒、逃生袋等，逃生時，要把「透明逃生袋」套上頭部，並沿著牆壁離地面或階梯3公分處，還有氧氣的區域，彎下全身逃離現場。

### (6)向外求救

家人分別一面滅火，一面打119向消防隊求援，說明詳細地址樓層、來此路線、連絡電話或手機號碼等。

約在十多年前，我旅遊到宜蘭的蘇澳港，坐在遊覽車上，遠遠就看到一排倉庫的牆面上，寫著斗大的警惕標語：

**賊偷千百次不及火災一次。**

印象至今猶深呢！請讀者一定要小心防範火災爲重。

## 3. 防盜須知

### (1)存保險箱

家中不要存放大筆現金、外幣或黃金、珠寶等貴重財物，而要寄存在銀行的保險箱最安全。最好定期去清點看看，以防內賊。

### (2)僞裝有人

家人全部外出時，要前、後分批出門；可將定時播放的收音機、電視機打開，或晚上定時開燈，假裝有人在家。將電話設定爲轉接語音留言或調低音量。

### (3)代取信件

若外出旅遊多天，可請鄰居、親友或社區警衛等，代收取門外信箱郵件、報紙等，以免被小偷發現你們沒人在家。

### (4)重新換鎖

家中有人鎖匙不慎搞丟時，連鎖頭、鑰匙一起全套換新的才安全。

### (5)守望相助

平時要跟鄰居保持友好關係，敦親睦鄰，外出時可請代爲留意是否有宵小窺探你家，發揮守望相助功效。

### (6)鎖好門窗

外出或睡前要鎖好大門或窗戶，並將窗簾拉上，讓小偷看不見家中動靜。晚上要打開小夜燈，假裝有人在家。

### (7)看清對方

大門可裝設門鏈、窺孔器、門中門或螢幕對講機等，可看清訪客是否認識，可過濾歹徒或陌生人，不可隨便開門。

## 4. 保命防跌

### (1)保持乾爽

廚房、浴廁、陽台或洗衣機排水道等，若弄濕後，要立刻擦乾淨，室內用濕布拖地板後，也要再用乾抹布擦乾淨，避免滑倒受傷或骨折等，老人和小孩要特別留意安全。

### (2)收好用品

傢俱或桌椅等要固定擺放適當位置，以免擋路或避免拐彎抹角時，鈎到或撞到而跌倒受傷，小孩的大、小件玩具，玩過後，要請他隨手收放箱子或容器內，避免被踢到、絆倒而摔跤受傷。

### (3)禁止奔跑

不准讓幼童在室內亂跑、嬉鬧、玩遊戲等，以免撞到傢俱或摔倒而受傷等危險。

## 5. 外出安全

### (1)服裝整齊

外出離開家門不穿拖鞋，避免走路時，或上、下車可能會脫落，容易發生意外；服裝要端莊整齊，尤其女孩子不可坦胸露背，或穿過短的熱褲或洞洞裝等，避免會招來性騷擾等危險。深夜不要逗留在外面，可免發生被搶劫、跟蹤等意外。

### (2)遵守規則

人人要遵守交通規則，像「綠燈行，紅燈停。」行人靠邊走。交通安全有三讓：「禮讓、忍讓、應該讓」；開車不搶道、不超速，以上守則要牢記並做到，如此 外出活動安全就有保障了。

**生活處處有危機　注重安全為第一**

**外出行動要小心　保障生命全靠己**

# （八）生活管理

## 1. 親密互動

### (1)進出招呼

爲了保持親密關係，每個人起床後，要互相問候說「早安！」，外出上學、上班、辦事時，都要向家人打招呼「我上學、上班了，再見！」，晚上回家也同樣要跟家人喊一聲「我回來了！」

例如說：媽媽，我要上學了，再見啦！

媽媽最好到門口，笑著歡送並說：

**好好！東西有帶齊了嗎?祝你好運！下午見啦！**

或再笑著說：**媽媽等你回家喔！**

先生對家人說「再見」時，太太要笑著在門口送他上班，並說句祝福的話，太太長期這樣做，據說可讓先生體內增加分泌「免疫球蛋白」，能多活幾年喔！還可讓他整天腦海裡都浮現你可愛的笑容耶！

傍晚回家進門時，就要喊著：媽媽！我回來了！

先生也要通報一聲：太太，我回來了！

家人也要及時回應說：喔！你回來了！

或笑著說：看到你，眞歡喜！

這樣做，彼此有良好互動，互相關心和祝福，才有相親相愛的溫馨感覺。

### (2)告知行蹤

每天晚上吃飯或相聚時，最好彼此告訴家人，自己明天有什麼特別活動，像先生要出差，可能會晚歸；孩子學校有參加社團活動，不回家吃飯；或媽媽下午要去聽「音樂會」等。

讓家人知道彼此的行蹤或活動。才不會被家人抱怨：

**你出去像丟掉「不知去向」，回家像撿到「意外回來」。**

如此，情感上保持密切聯結，萬一有事情，臨時要聯絡也才找得到人啊！

### (3)分享分擔

俗話說：「不是一家人，不進一家門」，一家人就像同坐一條船上的生命共同體，要發揮「同舟共濟」的精神，所以每天回家，除了彼此招呼，還要分享一天的生活點滴，因爲：

**黃昏時間就是家人相聚的黃金時間；有快樂的事要分享，因爲快樂分享可增倍；有痛苦的事更要分擔，因爲痛苦分擔可減半。**

這樣隨時有良好的關懷、互動、交流，彼此展現親密的言行。尤其要提醒各位，每次跟家人相聚時，個人不可獨自玩手機、打電腦或看電視等自私的行爲；否則，身在咫尺，心到天涯，豈不是變成「貌合神離」，哪還像一家人呢！

## 2. 電話禮貌

### (1)三聲快接

家中有人來電時，最少響起三聲後，就要接聽起來，並微笑親切地說：喂！喂！你好！請問你找哪一位？

若是對方說：要找某某人。

你要問：不好意思，請問貴姓?請等一下喔！

然後趕快喊叫那一位家人來接聽，不可讓對方等太久，因爲人家的電話，可是分秒都在燒錢耶！

### (2)備記事簿

電話桌旁，一定要放一本筆記本、便利貼、便條紙；及放一、兩枝筆，用來當場記錄對方電話或重要留言，方便轉達給家人。過年時銀行、公司行號贈送的「週曆」使用，它一週一頁，且有日期，十分方便實用；有些人沒事先準備好文具，當場要請對方等一下，一時又找不到紙，找到的筆又沒水，讓對方痴痴等候半天，自己又著急又羞愧，還得要頻頻跟對方說「抱歉、對不起」眞是失禮極了。

「有備無患」嘛！一次學乖後，就要立刻改進喔！尤其是年長的長輩，更需要當場記錄寫下，否則，若有重要事情，忘記轉達給家人，萬一耽誤了重要大事，那可就代誌大條了耶！

### (3)撥錯道歉

自己不小心撥錯人家電話號碼，要馬上跟對方說：「抱歉！我打錯了！」，或說「對不起！」、「失禮啦！」等，絕不可「見笑轉生氣」就馬上掛斷了，這樣冒失打擾是會讓對方生氣或不高興的；你這樣說，也是我們善待陌生人，應有的禮貌和尊重。對人要有禮貌，別人才不會感冒。

現代社會人際關係密切，除了重視傳統的「五倫」外，要再增加「第六倫」，就是「群我」關係，也就是我跟社會大衆的人際關係，對陌生人有禮貌，社會才會呈現一片祥和氛圍。

### (4)小孩不接

不要讓小孩接聽電話，萬一碰到廣告、推銷員、民調員等電話，怕小孩子會亂回話，透露家中地址或財務情況等隱私。若是大人遇到這種情況，如果不想回答或被糾纏，就可神回說：「對不起，我沒錢！或沒時間！」，或假扮是佣人，就說：「不好意思，老闆娘不在家，我不知道啦！」，對方就會知難而退了。

### (5)小孩不打

家長要規定小孩子不可隨便打電話或手機，胡亂撥一組號碼出去，會干擾別人家生活，萬一遇到壞人接電話，隨便套出你家的住址、錢財、作息時間等隱私，日後再來恐嚇、勒索或偷竊等情事，那後果可就慘兮兮了。

小孩亂打電話是很浪費錢的。曾經有一個小孩子，一周內打好幾通國際電話，去給在非洲埃及旅遊的媽媽，問她「今天晚上要吃什麼?」，小孩子不懂事，亂打電話眞是白花錢多多了。

### (6)學當省長

講電話要有重點，最好長話短說，因爲電話費也蠻貴的，若要談事情，要先想好重點，可用便條紙先寫下1、2、3點，才不會聊了半天，最後卻忘記要說的要事。如果打電話的目的，只是問候或聊聊天，則可選擇優惠減價時段才打，可節省不少費用，在台灣，每天早上8點前或晚上11點以後，以及周六中午12點以後，到周日整天；這些不上班的假日，都是減價的優惠時段；不過，因各家跟電信局登記，選擇付費方式各有不同，因此打折的優惠也有差異，讀者可就近向電信局查詢並確認才好。

## 3. 外出注意

### (1)儀容端莊

人外出時，要注重儀容整齊、清潔，頭髮梳理整齊，穿衣打扮要合適，尤其女生穿著，不可坦胸露背，或穿熱褲、破洞的牛仔褲，或奇裝異服等；容易引起歹徒興起欺負邪念的危險。最好不要穿拖鞋，走路、上下車或搭電扶梯，容易掉落而發生意外危險。

**(2)進出守則**

進出大門、家門或電梯門時，要注意有無陌生人跟進來，進入電梯時，最好不要跟陌生人乘同一部電梯；每次按鍵時，要用食指的第二關節按壓，不要用指尖按；小孩子不要讓他按按鈕，這些都可避免傳染病菌。在電梯內最好不要交談，而且要面朝向電梯門，若有咳嗽或打噴涕時，要立刻用手帕、衣袖或衛生紙摀住口鼻，以免妨害他人衛生。

**(3)出門口訣**

出門前記得很流行的口訣，就是：「伸、手、要、錢」四件事。有的是運用它的諧音，說明如下：

*伸：「身」的諧音，就是身份的證件：如身分證、健保卡、信用卡、健保卡，車票卡、駕照或護照等。

*手：手機，用以隨時跟他人聯絡。

*要：「鑰匙」的諧音，指家中門或辦公室或汽車、摩托車的鑰匙等。回家一定要放在固定地方。

*錢：指錢包、車錢或金融卡等。

我以媽媽或女性的觀點，外出時再加上三件事：「水、錶、包」並說明如下：

*水：就是飲用開水，隨身帶一小瓶解渴，若有機會再補充，冷或熱隨意，隨時補充水分，方便、衛生、保健、又省錢。

*錶：戴手錶隨時掌握時間，方便約會、搭車、上銀行或機關辦

事，可準時無誤，也可看手機內的，注重時間管理很重要喔！

*包：女性用的小包包，內裝化妝品、手帕、衛生紙或女性專用品等，男性則帶公事包或背包等。包包內可放幾條橡皮筋備用。

媽媽、主婦外出時，最好順便帶個可收折的環保袋，方便臨時購物時可裝。中、老年人外出時，最好使用雙肩帶的背包，可免雙手提重物的負擔和不便。還有，請先生或長大的兒女，外出時，請幫助媽媽或女性長輩，幫忙提拿重物或包包等，以減輕她們的負擔。

**日常生活重管理　遵守規定好感情**
**相親相愛相幫助　家庭和樂值萬金**

# （九）水電管理

## 1. 廚房省水

### (1)適量用水

洗青菜、水果時，可先放適量的水，在水盆裡往外淘洗幾遍，最後才用水龍頭直接中量沖洗好。隨後泡蔬、果的清水可用來澆花木或沖洗鍋、盆等炊具的油汙。

### (2)重複使用

洗蔬果用過的廢水，可利用來澆花；回收的洗米水、煮麵水，可拿來當洗廚具或餐具，首次去油汙的清潔劑，隨後再用小量的清水，仔細清洗乾淨。

## 2. 衛浴省水

### (1)隨時省水

洗臉、刷牙或洗手時，先用一點點的水沾濕後，就關閉水龍頭，在抹肥皂搓洗完，或刷好牙後，才重新用水。以淋浴五分鐘代替盆浴，抹沐浴乳搓洗身體時，要暫時關掉蓮蓬頭；應用淋浴的殘水刷洗地板。家人洗澡時，最好安排在同一時段，先後接續輪流洗，可節省等候重新加熱的水或電源。

### (2)優良設備

馬桶改用大、小兩段式沖水設備，節省水資源和水費也很可觀喔！淋浴比泡澡省水。瓦斯熱水器比電熱水器更省能源，即熱式電熱水器也比儲水式電熱水器較省電，太陽光強的的地區，則可選擇使用太陽能熱水器。這些省能源的優良設備，長期下來，積少成多，也很可觀。

## 3. 洗衣省水

### (1)洗衣要訣

選用自動調節水量的洗衣機，洗衣前，先在水盆中，用清水浸濕搓洗幾下，用以去除沾附在衣褲上的灰塵或汗酸味，再放進洗衣機，用洗衣粉或洗衣精浸泡約15至20分鐘後才開始洗，可洗得更乾淨。並控制洗衣容量在7或8成就好，太多或過少，會造成洗衣機效率不好，也會浪費水電能源和費用。

### (2)廢水利用

每次排出的廢水，可利用來洗滌家具、抹布或鞋襪等，最後一次排出的清水，可存放用來擦地板、門窗、洗車等，水資源要充分利用。

### (3)要拔插頭

脫水或烘乾後，就立刻先拔掉插頭，不可一直留著待機狀態，會很浪費電力的。同時要隨手取出衣服晾起來才快乾，且衣服不會皺皺的及產生異味。

### (4)自然晾乾

好天氣時，盡量用自然的陽光或陽台微風晾曬衣服，曬陽光也有消毒殺菌功效，但要注意颱風或下雨；盡量少用烘乾機，才不會傷衣料，還可省很多電費喔！

## 4. 冰箱省電

### (1)遠離熱源

冰箱位擺放置要遠離瓦斯爐等有熱源之處，及陽光易照射的地方，以免溫度提高，耗費電力。冰箱兩側和背面要跟牆壁保持至少十公分，才易散熱，正常溫度指針要維持在「適冷」位置，食物稍放稍涼後才放進冰箱。

### (2)省電保養

食物儲存容量只放6到8分滿就好。打開冰箱的次數盡量減少，及縮短開門時間，要拿的食物一次全拿出，以維持冷藏溫度，才能省電。冰箱門要隨時緊密關好，且要留意門縫墊圈是否完好，可避免冷氣外洩，節省電力和電費。冰箱每周至少要清理一次，拿掉過期或腐壞食物，並擦拭乾淨，才能省電和省錢。

## 5. 省電降溫

### (1)冷氣省電

選用變頻冷氣機較省電，開啟使用時，溫度設定在26－28度C，每提高一度，省下6%的電力，使用時要緊閉門窗，並拉上窗簾遮住陽光直射。室內可開循環式吊扇或立扇，協助流通、降溫才省電。約一、兩週要清洗冷氣機的濾網髒污，和電扇的扇葉及罩網。

### (2)協助降溫

使用電扇以開「微風」爲佳，若開「強風」會比弱風多費一半多的電力。常用稍濕的抹布擦拭大型傢俱，如電視櫃、餐桌椅或茶几、沙發等，或使用冷水擦拭地板，也都能讓室內降溫，節省電費。室內不要抽煙或燒香等發熱源。常用窗簾遮陽光，或在陽台種幾盆可遮陽的花木，在室內擺幾盆綠色植物，也可增加清涼感。

## 6. 節能減碳

### (1)選優燈具

在長時間開燈照明的室內，要採用燈泡型日光燈、電子式日光燈等，不要使用白幟燈等耗電燈具。日光燈比白幟燈可省電約3成。最近以來，很多辦公室、公共空間及住家，都改用LED燈具，可省電又省錢喔！

### (2)燈具維護

日光燈的兩端變黑或燈光忽明忽滅、閃爍不定時，就要更換掉，可免白白耗電；選擇造型較簡單又好擦拭的燈具。定期保養擦洗燈具的灰塵，可減少浪費電力，外出或夜間可使用「定時器」開關，較省電些。

### (3)隨手關燈

不用燈光時，要隨手關燈，但是如僅離開十多分鐘內，則不關燈和冷氣機，因重新啟動開關反而很耗費電力的。晚上睡覺用一盞小夜燈就好，不用多燈泡的美術燈，可省電又省錢。

### (4)日常生活

多走樓梯，少坐電梯，有益健身；衣著簡單，舒適透氣，盡量不打領帶或穿西裝；打開窗戶，保持通風等以降低體溫或室溫；這樣能讓電扇或冷氣少開，或冷度可開高一點，可節能減碳又省電費。煮開水使用快煮壺，取代長期插電的熱水瓶或飲水機。

**(5)關閉電源**

記得廚房、餐廳、書房、臥室、浴室離開時，要隨手關燈、關電扇或冷氣等，外出時，更要檢查一遍，省電又安全。3C用品充電足夠後，先拔掉插頭再拿走，據統計，電腦一夜不關機，耗費的電力可複印1千張A4文件呢！

使用烤箱、電鍋、微波爐等電熱器烹調食物，要先拔掉插頭，再開門拿出食物，養成好習慣就不會忘記。洗衣機脫水後，先拔掉插頭再晾衣服，以上動作皆可避免變成日夜待機，白白耗電。電視外出或長時間不看時，除了關掉遙控器外，還要關閉主電源，節省電力。

**(6)節約能源**

休假或例假日，關掉電視、冷氣、電腦及電器用品，全家走出家門，做戶外活動，去郊遊、野餐、逛花市、植物園或參加藝文活動等，都能節能、省電又保健。

盡量少使用除濕機或吸塵器等耗電用品，若要使用須注意正確規則和保養，才能省電。除濕機內的水，倒出後可利用擦地、洗車、沖馬桶等。

**(7)省交通費**

外出辦事、上班或遊玩等，最好是搭乘公共運輸工具，像捷運、公車、火車、客運車等，最好是騎單車，或用走路的。盡量少開私家車、摩托車等，耗油又會汙染空氣；外出上班的同事，路線很接近的，可多人共乘一部車，再分攤油錢，大家都能省時、省錢又節約能源。

人類的地球資源很有限，水和電要靠大家努力節約，又兼顧環保及省錢，才能永續使用。

**節約是窮人的造幣廠　浪費是富人的造墳場**

**要節能減碳才是王道　愛護地球行動當日常**

# （十）環保管理

地球是目前我們人類唯一生存的地方，我們要竭盡心力，多多加以愛護、維護和保護它的環境和資源。

「環保四用」就是應用英文的「GREEN 4R」而來，它是國立政治大學社會系，柴松林教授提倡的簡要口訣。地球資源很有限，我們在日常生活中，要隨時隨地，保護資源、愛惜資源，有效和充分運用資源，並且減少浪費，才能達到永續使用的功效。

家庭主婦自己要以身作則，落實在生活上，例如食、衣、住、行、育、樂等方面；努力做到外，並以自己親身實踐的寶貴經驗，要多跟接觸的人們大力推廣、宣導，發揮最大的影響力；以善盡地球村居民的本份和責任，這也是在家上班的主婦，能爲社會貢獻一己力量之處。媽媽或主婦們，要把握工作環境的優勢，努力勝任「環保尖兵」志工喔！

像我在前些年，參加「108天環遊世界一周」旅遊時，就把握良機，利用遊輪上，舉辦「世界環保日活動」中，以「人人做環保地球會更好」題目，公開一場演講，分享我的看法和做法，贏得各國船友聽衆很大的關注和迴響。現在特別闡述「環保四用」內容如下：

## 「環保四用」原則：

### 1.Reduce「減量使用」

減少不必要的物品或消耗的能源，不要隨意消費，不要購買不實用的衣物或飾品。盡量做到「能用則用，不會浪費」的原則。

人人購買物品時，要自備環保袋、手提袋、背袋、紙袋或容器等；若能使用雙手提或拿著，更是最好的環保袋。少用店家提供一次用完就丟的袋子；舊衣服可修改再穿，或當抹布使用。紙張可兩面書寫或影印；以走路代替騎機車、坐車或開車等，都可節省能源又很環保。

**2.Reuse「重複使用」**

各種袋子、箱子、繩子或包裝紙等，要多次重複使用。要使用自備手帕、毛巾來擦拭臉、嘴、手等，代替用完就丟的紙巾、衛生紙等。碗盤、筷子、湯匙、杯子等食具，要用瓷製、鐵製或玻璃製等，代替用完一次就丟的紙製或塑膠製品。外出購買食物或飲料，要自備容器盛裝，既很環保，有些店家還有優惠呢！大人衣服可修改成兒童裝，汰舊換新的窗簾可改成環保袋或桌布等再利用。

**3.Recycle「回收再用」**

將物品重複利用，或改做其他不同用處，以收到「物盡其用」才不浪費。自己無用的物品就轉送他人使用，像嬰幼兒衣物用品、二手衣、舊鞋等；換新汰舊的沙發、廚櫃、果汁機等家具用品，可轉送親友，或送社福機構再利用。使用再製的再生紙、手提袋、垃圾袋等。報紙、瓶罐、電器用品等可送資源回收再利用。洗米水或洗菜水可澆花、洗炊具；洗衣廢水可擦地、洗車、洗垃圾桶等。

牆上掛的銅版紙月曆，過時撕下的紙張可再利用，可裁切A4大的單張再利用，摺成四方型垃圾紙盒，放在餐桌上裝魚、肉骨頭、菜渣的容器，每餐用過就丟棄，方便又省洗盤子的水和時間。

**4.Rufuse「拒絕使用」**

拒絕使用免洗餐盤、筷子、碗碟等，一次用完就丟的產品。外出或旅遊用餐時，盡量自己帶環保碗、筷或湯匙等食器，衛生又環保。不購買過度包裝的禮品，不使用不利回收的寶特瓶、保麗龍等容器。拒絕開耗費油料，或只一人坐著的大型轎車；同事或鄰居等，若上班路線有順路，就採共乘坐滿方式，大家分攤油錢；既省油料、車費，又能聯誼，更爲地球環保貢獻一分心力，何樂而不爲呢！

做爲地球公民的一份子，我們都可在自己有能力，或方便的環境中，隨人、隨地、隨時或隨物，貢獻自己的一份心力做環保，例如，我們大家都不要吃魚翅，漁夫就不會濫捕、殺害已經稀有的鯊魚了。

**環保工作靠大眾　地球資源是珍寶**

**人人隨時努力做　善盡責任大家好**

# （十一）自我管理

據因果說，女人因比男人前世少修行了500年，所以今生才會比男人吃苦、吃虧很多；姑且聽之啦！

結婚後的全職媽媽和主婦，因長期個人守在家中工作，較少跟外面世界接觸，日久往往很容易，習慣在自己的舒適圈過活，長期以後，就更不喜歡外出參加活動了；但人類是群居的動物，是需要和他人保持友好、互動關係的；有時要外出或參加各種活動，家人無法跟你同行，就要勇敢訓練自己單獨前去，不依賴先生或孩子。人生只有一回，現在不做，就等著後悔，下列各項建議，提供參考。

## 1. 婦女四立：自立自強，勇敢做自己。

### (1)行動獨立

平日先生上班、兒女上學；許多活動，他們無法陪伴你去參加，那就要勇敢自己一個人去啦！像逛街購物、健身運動、爬山郊遊、旅行休閒、進修上課等活動；像我曾獨自參加「大安國中」的「快樂父母成長班」長達20多年；跟隨「2000年太麻里看日出」、「北歐四國之旅」等旅遊團去玩，甚至在2017年參加「環遊世界108天」之旅，都是單獨自己一個人去的。有同伴雖有伴，沒同伴卻也沒牽絆，更樂得自由行動耶！

### (2)感情獨立

先生上班、孩子上學或工作，你樂得當單身貴族，自己在家可讀書、看雜誌、打電腦或玩手機等學習新知，或畫畫、唱歌、聽音樂等娛樂消遣，能自得其樂一番，生活反而很無拘無束耶！

自己一定要找事做，也可抽空外出去當志工，到圖書館、文化中心、各區公所、醫療機構或育幼院、養老院等，服務別人回饋社會，生活有寄託，日子過得更快樂。千萬不要一天到晚，獨自守在家裏，無事可做，寂寞又無聊，只會常常打電話，去先生辦公室查勤或訴苦，或打手機去孩子上班處打擾或抱怨等。

**(3)財務獨立**

可跟外出賺錢的先生商量或協議，讓你有自由用錢的權利，兩人協議「小錢自取，大錢商議」就好啦！自己擁有信用卡、提款卡或存款簿，隨時可提領現金，不必因你沒有外出工作，沒有薪水收入，就需要向先生討取生活費、零用金，像女傭向老闆拿錢報帳，當「伸手牌」的次等人；相反的，你要運用智慧，設法反客爲主，讓先生賺的錢要繳公庫，你當管家更要管帳，掌理家中財務大權喔！

**(4)精神獨立**

有人統計過，說人一生中，有百分之七十的時間都是獨自一個人過活的，所以父母、手足、配偶、子女、親友等，都是你生命中的過客，只能陪伴你一段時間而已，遲早或都會離開你身邊的。

有緣則聚，緣盡則散，所以要培養自己落單時，要會安排打發時間，讓自己不會無聊；可根據自己的興趣，外出參加各種心靈成長班、才藝補習班，或參加各種娛樂休閒活動，如唱歌、跳舞、運動、旅遊、社交團體等；也可去公家機關、公益社團、宗教團體等當志工，奉獻時間、才藝，回饋社會，順便在同儕中獲取溫情友誼。多跟人互動，還可預防罹患「痴呆症」呢！

## 2. 婦女三養：三養做得好，健康才是寶。

### (1)營養：營養要滿分，均衡又足夠。

***三餐飲食**

每餐只吃7.8分飽就好，把握早餐吃得好「像國王」，午餐吃得飽「像王子」，晚餐吃得少「像平民」三原則。要吃菜配飯，多吃不太甜水果，少吃高糖、高鹹、高油食物；少喝咖啡，不喝酒。

***喝水要夠**

要喝足夠的白開水，對保健和美容都有重大的功效。在室內或白天多喝；外出及晚上少喝些。外出最好自帶水壺，隨時補充水分；下午3點以後少或不喝咖啡、茶水、可樂等刺激性飲料。避免晚上會影響良好睡眠。

***體貼方便**

婦女常因懷孕生產過孩子，內臟器官較易鬆弛，膀胱包容力變小，故外出常須找廁所小解；外出前要先在家上廁所，旅遊長途坐車前，或遇休息站時，一定要上一下廁所，可避免車途中內急。各公立機關、加油站、速食店、大賣場、百貨公司等可借用。

在此順便，呼籲政府主管機關，或各機構、商店老闆，請在建置廁所時，能給女廁多一點房間，至少男、女比例是：1：3或2：5，若能列入「建築法規」內更好；請多體貼和體恤，婦女因生理及穿著、化妝等需求，上化妝間的時間，常須比男性較長的時間。請多愛護婦女，多給予體諒和方便，則您們是功德無量，我們就感恩不盡了。

也請在傳統市場旁邊，設立廁所及停車場，以方便買菜的婆、媽們使用，更是萬分感謝了。

**(2)保養：保養做得好，快樂活到老。**

***良好形象**

平日在家臉部及手腳要擦些乳液、保養品等。外出時，要薄施脂粉，也需擦點口紅，讓神色更光彩、有精神，打扮一下，才不會被謔稱爲「黃臉婆」。因爲，頂著一張臉，出去嚇人，是有罪過的—妨礙市容啦！

***修生養性**

發揮慈悲心，要包容善解。展現同理心，須換位思考。

**(3)修養：修養好，長壽又不易老。**

日常生活要保持「養、樂、多」三法，就是：

***養：養成「三不主義」**

**+不生氣**：生氣是拿別人的過錯來懲罰自己，很不值得！

**+不生病**：一人生病，全家累倒；媽媽生病，家務全掛了。

**+不生事**：世上只有三種事：

自己的事：管好，先獨善其身。

別人的事：少管，可免惹禍上身。

大家的事：大家管，不須你多管。

***樂：快樂自己找，人生更美好。**

人生三樂：有人可愛、有事可做、有夢可想。

追求快樂：知足常樂，助人爲樂，讀書最樂，自得其樂。

***多：**

多愛一點：愛要有恆，才能有效。

多學一些：時代前進，腦袋跟進。

多誇一句：多給鼓掌，少給巴掌。

多試一下：再試一次，就會成功。

## 3. 婦女四容：做好四容，讓你更有尊榮。

### (1)笑容

百善笑為先，媽媽要當家中的笑長；媽媽的笑容是家中的光明燈、百憂解和開心果。笑臉是最可愛的溝通橋，笑聲是最美妙的快樂頌；笑語是最溫柔的強心劑，笑話是最甜蜜的開心果。擦「蜜斯佛陀」美容，不如念「阿彌陀佛」美心；笑容是最高級的化妝品，最漂亮的透明妝，微微笑勝過高顏值。

### (2)儀容

***在家當賢妻**

盡心盡力做好主婦本分，穿著要輕便、整潔；把家務處理完善，把孩子教養成好國民，把先生培養成新好男人，把家業經營得蒸蒸日上。

主婦雖忙於孩子或家事，但也需要照顧好先生，畢竟夫妻和好恩愛，才是家庭幸福的根基。

***出外當貴婦：**

陪先生外出應酬，就要精心化妝，打扮得光鮮亮麗像貴婦，談吐、應對要高尚優雅，給先生感覺面子十足；千萬不可邋遢模樣、進退失態、服裝不雅，而破壞了全職主婦形象。

### (3)從容

全職媽媽或婦女，平時工作雖很繁雜，但一定要有計畫，依照安排按部就班，盡早行動做事，就能從容不迫；尤其要跟先生外出時，又要打扮自己，也要張羅孩子衣著等，很容易把人搞得窘迫、慌亂呢！唯一救藥，就是要保持鎮定照計畫，提早準備打點，才能準時出發。可免被冠上「遲到大王」的惡名，我媽媽常說「死不可早，凡事都要趁早」。

**(4)包容**

婦女管理家務，常是芝麻綠豆大的重要小事，難免會特別注意到小細節；因此，曾被譏笑是「小心眼、雞腸鳥肚」的族類。所以，婦女要多讀書進修，修身養性，不斷追求成長精進，培養寬廣胸懷和視野。凡事忍耐、包容，做一個寬宏大度的婦道人家。

## 4. 婦女要擁有四大本事：一婦當關，萬夫莫敵。

***進得了廚房**：在家當賢婦。

***出得了廳堂**：出外當貴婦。

***擋得了小三**：閨房當蕩婦。

***嚇得了流氓**：救難當悍婦。—曾有某企業家夫人扮演「貴婦救夫」的眞人眞事耶！

## 5. 婦女必備四大名牌：行遍天下，誰與爭鋒。

***揚在臉上的自信**：無懼、無敵、無憂、樂天。

***藏在心底的善良**：善解、包容、忍耐、溫柔。

***溶進血裡的骨氣**：自立、自強、自主、自愛。

***刻進命裡的堅強**：韌性、不亢、不卑、不屈。

全職媽媽和主婦拿青春做賭注，竭盡心力地付出，用智慧搞定一家人，又能快樂做自己，怎麼捨得讓自己輸，那是一定要贏的啦！她可以大聲地說：

只要給我一個支點，我就能撐起一片天！

**主婦角色自定位　輕重拿捏靠自己**
**努力學習做強人　家業興旺全靠妳**

# 七、演講樂趣篇

## (一)年輕不要留白

多年前，有一次應邀去「台北市立華江國中」演講，起初跟校方談好，聽講對象是國三女生，所以我就給了一個浪漫又感性的講題，就是「少女情懷總是詩」，分享青春少女如何愛護自己，和經營美好人生。

### 1. 分秒必爭挑戰高

我當天提早到校後，由輔導室吉靜嫻主任陪同，拜訪了劉圳生校長，見面後，彼此相談甚歡，對當前國中教育的理念也很契合，校長十分推崇我豐富的教養經驗。校長很高興，當場竟對吉主任說：**難得請到這樣優秀的講師，我希望大家都能來聽講，收穫一定會很多；這樣好了，你現在趕快去廣播一下，宣佈請全校一、二年級的同學，以及各位老師和職員，全部都來參加週會，一起聽林老師演講。**

校長如此看重這場演講，讓我深感榮幸，但也意外地帶給我極大的挑戰，當我獲知原本的這所女校，二年前已開始招收男生時，我心頭一震：**那我應該緊急更換講題和調整內容，才能符合男女學生的共同需求啊！**

說時遲，那時快，當下我能思考的時間已是分秒必爭，迫在眉睫了。我僅能利用從輔導室步行到會場的路程上，努力搜索平日累積的學識，快速組合成男、女生都適合的大綱，才能及時發揮演講的效益。

當天演講主要內容和過程大致如下：

## 2. 博取歡心求認同

我一上台就宣佈今天的講題更改爲：「年輕不要留白」，這是時下青少年正流行的一首歌，是由「城市少女」所演唱的。我當場立刻唱了幾句：

**盡情揮灑自己的色彩，年輕不要留白 走出戶外，放開你的胸懷，陽光也叫我不要再等待，一起魅力搖擺，年輕不要不要留白，...。**

許多同學也跟著我一起哼唱起來。果然，贏得了滿堂的鼓掌喝采聲，我相信藉由唱出學生喜愛的流行歌，必能博得他們的認同，並接納我是跟他們同一掛的人；如此才能拉近彼此的距離。學生才樂意聽我講話。

## 3. 分享經驗感動深

我強調年輕眞好，這時期腦力好、體力強、精神佳，正是充實學識最好的時機。我隨卽舉出實例說：我跟你們同樣唸初中時，有一次爲了配合國文老師的規定，竟然能夠趕在十五分鐘內，就背熟一篇課文，就是你們也讀過的「習慣說」那一課，作者是劉榕，我直到現在都還記得內容呢！你們若不相信，我現在就秀一段給你們聽聽。

當我背誦時，發現全場鴉雀無聲，專注聆聽，待我停住時，才爆出一波波的掌聲。等掌聲稍歇後，我接著說：剛才我不是跟你們愛現我有多厲害，我只是要向大家證明，就是年輕時的記憶能力眞是超好、超ㄅㄧㄤˋ，記得快速又牢固。

隨後我把話鋒急轉，用較感性的輕柔聲音說：可是，我在三十二歲時，才開始學習日語，那時，我已經是三個孩子的媽媽了。雖然下決心要好好唸，可是，每次背生字或句子，常常背了就忘，忘了再背，也很快又忘記，讀得很辛苦，往往變成了事倍功半的結果，那時候才後悔沒有趁年輕時就去學習。

## 4. 千金難買早知道

這時，我提出一個問題問大家：請同學們幫我想一想，這是什麼原因呢！

我應用「有獎徵答」方式，想刺激同學動動腦筋，思考一下；同學反應很熱烈，紛紛舉手發表見解，我一一肯定他們的看法。最後綜合他們的結論就是：

一、年紀越大記憶力就越減退。

二、家務太忙，複習時間太少。

三、孩子打擾，無法專心讀書。

同學分享後，我立刻接口說：這些通病都是成年人就業，或結婚成家後，想再讀書都會遇到的難題。所以，你們現在要把握最好時機，好好充實自己，才能開創出多采多姿的人生；千萬不要浪費寶貴的青春時光。大家一定要記得，把我的教訓，拿來當教材喔！我順便也贈送各位兩句話：「**千金難買早知道，後悔沒有特效藥！**」你們現在早知道就要早做到，早做到就能早賺到，這是大家的福氣啦！

我還特別就地取材，現學現用地說：剛才我走進貴校大門內，看到右邊花園拱門的兩根石柱上刻著兩行字：

**一寸光陰一寸金，勸君惜取少年時。**

這兩句話正好印證了我剛才分享的經驗喔！

同學們對於我敏銳的觀察力，大概既驚訝又佩服，馬上又熱烈鼓掌起來了。

## 5. 年輕吃苦像吃補

據說，每個人一輩子要吃多少苦，或享多少福，都是老天安排注定好的。就像猴子用餐是要選擇「朝三暮四」或「朝四暮三」一樣的道理。你要先苦後樂，還是先樂後苦，完全由自己作主決定。

你年輕時身強體壯，吃點苦頭，身心都能夠承擔得住，所以並不覺得辛苦，反而像是吃補一樣，因為那是在磨練意志、累積經驗，儲備將來成功的實力，晚年才能快樂享受奮鬥的成果。要是年輕時只顧玩樂，荒廢了課業，沒有學會一技謀生技能，或學到豐富的學識，不但不能養活自己，更無法回饋社會；到了年老體衰，貧病交迫時，就變成社會的負債或垃圾，那時候，再吃苦就是眞的受苦和痛苦了。

結尾時，我以：**年輕不要留白，及時努力，開創美好未來。**鼓勵和祝福大家，贏得了師生們熱烈，又持續很久的掌聲。

那天，我也穿插了不少幽默笑話、逗趣妙語，讓大家在輕鬆、歡樂中學習，充分發揮了「寓教於樂」的效果。

當時整個寬大的活動中心，一、二樓四周，一層又一層的石階，坐滿了黑壓壓的學生，連我的講台前面也擺放椅子，坐滿了教、職員，我的背後也坐滿了學生。全場約四千人都專心聽講，很熱情地跟我做良性互動，而我更是使出混身解數，賣力講解和表演了。

## 6. 餘波盪漾趣事多

當天演講結束後，吉主任十分稱讚我。她在感動之餘，還坦白透露說：

不瞞你說，當初我想邀請你來演講前，曾經顧慮到，你已經那麼多年不當老師了，現在重回講台，不知道會不會緊張怯場？或是能不能吸引學生安靜聽講？所以我還特別先跑去「行天宮圖書館」聽你演講一場後，才很放心的跟你聯絡，想不到你的演講，內容精彩，唱作俱佳，真是好佩服你喔！

吉主任後來榮升擔任「福安國中」校長，又請我到該校演講呢！

大約過了一兩個禮拜，我參加了母校「彰化縣立北斗高中」的同學會，我一進會場，就看到林德坤同學迎面打招呼，快步走過來，興奮地喊著：**瓊姿！瓊姿啊！你這個大演講家，今天有人特別慕名而來，要認識你喔！**

剎時，我莫名其妙地楞住了，只好笑了笑，他立刻轉過頭，喊著：**琇燕！琇燕！快快來看你的偶像啊！快一點過來啦！**

我真的被他倆給搞糊塗了，經過一番解說，才知道原來都是那一場演講引發的後續效應啦！

原來德坤同學的夫人詹琇燕老師，也是當天的聽眾，她下課回家，就衝著德坤說：「今天學校週會的演講好棒喔！我本來想留在辦公室批改作業的，還好有去聽，否則錯過了就太可惜了；你不知道，她講的有多生動、太吸引人了。」

她又說：**簡直有致命的吸引力，全場學生都聽得入神，沒有**

**人講話、搗蛋或睡覺，這是以前從沒見過的情景，眞是講得太精彩了。**

「那位講師叫什麼名字?難得有講師演講，讓你這麼稱讚的。

「就叫林瓊姿老師啊！」

「眞的呀！她是我高中同學耶！她本來就是很有名的親職教育專家啊！」

德坤高興地描述這段趣事後，就笑著對詹老師說：**要向崇拜的偶像表達敬意，就趕緊請她簽名，還要拍照留念才對啊！**

大家聽了都相向哈哈大笑了。

三國時代的文學家曹植，曾有「七步成章」的故事，當年他若稍有閃失，必定招來殺身之禍。而我那次臨時更換講題和內容的挑戰，萬一發生脫線或穿幫慘況，恐怕也會砸壞了，我這張原本亮麗的演講招牌吧！

現在回想起來，還眞叫人捏一把冷汗呢！不過，我從這次的考驗中卻領悟出：所謂壓力就是壓出潛力，所謂煩惱就是麻煩腦子想一想。它們都是幫助我，邁向成功巓峰的墊腳石呀！

## （二）傳播智慧財

我每次應邀到學校或機關，做「親職教育」演講，都把它當作是一趟學習之旅。通常我會提早抵達演講地點，除了要確認會場佈置，及測試教具齊全、適用外；我也常到校園參觀一下，像瀏覽校方張貼的「佈告欄」內容，或展示的「文化走廊」等，以瞭解他們校園文化的特質。以備稍後演講時，就能就地取材當例子，增加他們的親切感，如此就拉近彼此的距離，效果也相當好。

有時會看到很棒的標語、名言或警句，就馬上記錄在，我隨身攜帶的小筆記本裏，常常還能現學現賣呢！我在台北縣就先後遇到三個超好的例子。

有一次去三峽鎮的「安溪國小」，就在穿堂「慶祝母親節」的活動看板上，發現一幅圖文並茂的壁報，醒目的標題更讓我眼睛一亮：

**天使不能常到人間，所以上帝創造了兒童。**

我趕緊抄下，並且拍照留念。作爲喜相逢的明證呢！這兩句話，正好跟我過去常引用的兩句話，可以前後相互呼應，眞是最完美的組合。我說的那兩句話是：

**上帝不能照顧每個人，所以賜給每人一位母親。**

這四句話合起來應用，很貼切地把母親，比喻像上帝一樣偉大，也把兒童比喻成天使一般可愛。正好說明了親子間深厚的感情連結，更清楚地點出了母親的職責。我常把它拿來當開場白，頗能打動父母的心，聽衆也紛紛抄在筆記本裏。

我在泰山鄉的「泰山國小」演講，地下室視聽教室的牆面上，貼了很多張精采標語，有一張最令我難忘，它寫著：

**無論孩子多麼小，你都要把他當大人般尊重；**

**無論孩子多麼大，你都要把他當小孩般關愛。**

再加上我原本常說的兩句話：

**尊重中缺少了關愛，就變成放縱；**

**關愛中缺少了尊重，就變成操控。**

簡單幾句話，就明白點出親子或人際之間，尊重和關愛的眞諦，和其間拿捏恰當與否的分寸。眞是最妙的絕配了。

我曾多次到板橋市「江翠國小」演講，有一回，在雙向交流的時段，一位學員特別用下面四句話回饋給我，讓我喜出望外，十分感謝。她說：

**人人皆我師，處處是教室；**

**時時可學習，事事生智慧。**

我常常把它們轉送給聽衆，鼓勵大家追求，全方位的終身學習。因爲：

**活到老，學到老；學到老，用到老；用到老，樂到老。**

我當年唸師大時，有一位擔任外交官的吳斌老師，曾告訴我們一句話：**過了那個莊，就再沒那個店。**

吳老師是提醒我們，凡事都要及時把握機緣，否則就會稍縱卽逝了。

所以，我認爲每一場受邀前往的演講會，都是我學習旅途中的一個驛站，那裏常會珍藏了許多知識寶藏，等待我去發掘和捧回，自用、分享兩歡喜呢！

我有一位多年的知心好友，她很讚賞我的做法，曾送給我一首打油詩，題名為「**文化小蜜蜂**」；我雖然愧不敢當，但願意把它當做我的座右銘，作為今後努力的標竿，現在我也不藏私，大方地秀出來，跟大家分享：

**做個文化小蜜蜂　飛到西又飛到東**
**一天到晚忙做工　傳播智財急先鋒**

# （三）我在化粧室頓悟了

幾年前有一次，應邀到台北市「泰北高中」演講，校方為了配合舉辦的「圖書館週」活動，就把講題定為「讀書不難，考試不怕」。那天，我特別提早到校參觀，負責接待的輔導室主任，熱心地帶領我四處觀賞展覽內容，我頻頻稱讚這項超棒的創舉。隨後回到休息室，在等候師生集合聽講前，我抽空上一趟「化粧室」，意外地在洗手台的牆面上，乍見貼著醒目的標語：

**要享事功　先要提得起**

**要享閒情　先要放得下**

「哇！超棒的兩句話！」我邊洗手邊多唸幾遍，剎時，心中湧出一股頓悟後的驚喜。我當下反覆咀嚼它的精采涵義，我推想意思是說：

**一個人若想要做事成功，必先要提得起熱情和衝勁去做，才能享受圓滿成果的歡喜。**

**一個人若想要擁有閒情，必先要放得下種種牽掛和憂慮，才能享受自由自在的快樂。**

雖然，以前也常聽人說過：凡事要「提得起，放得下」的話，但總覺得語意不夠清楚，所以，感受不是很深刻；今天巧見如此完美說詞，真是讓我當下茅塞頓開了。

於是我在那場演講裏，順便現學現賣，就向一千多位師生分享我的心得，並以：「**讀書時專心用功，休息時盡情玩樂！**」做為最終贈語，贏得了滿堂熱烈的掌聲。

我很感謝「泰北高中」的邀請，才能讓我有機會，獲得這份珍貴的學習機緣。

**事功閒情要平衡　提起放下要自主**
**美好生活巧安排　聰明如你慎評估**

# (四)教學相長好歡喜

## 1. 新學習觀

我到處演講，也愛到處學習。有一次去桃園縣的「大埔國小」，給父母演講「怎樣幫助孩子功課更進步」。因當天是校慶日，所以邀請很多貴賓蒞校。開幕時，桃園縣議會葉秘書長致詞，說到現代父母成長的重要，我覺得他說得很有道理，但匆忙寫下，怕不夠完整，待我回家後，就立刻打電話請教他，他是這樣說的：

**五十、六十年代，保持現狀就是落伍；**

**七十、八十年代，進步太慢就是落伍；**

**九十、一百年代，不會電腦就是落伍；**

**二十一世紀年代，停止學習就是落伍。**

他能使用條例式簡要說明，更容易記得牢了。

如果我當天沒有去該校演講，又沒提早到校參加開幕式，就沒有這份難得的機會，聽到這麼好的觀念。這眞是令我如獲至寶的學習機緣。

## 2. 學乃致用

有一次，我去苗栗縣後龍鎮的「龍坑國小」演講，校長一見面，就笑著說：

**我今天很早就在校門口等候，要迎接您的光臨了。**

我聽了很感動，就一再道謝！

在校長室談話時，我發現牆上掛著一幅字畫，上書：

**學成乃致用，道大亦能容。**

我立刻向校長請教它的涵意，當時手上沒有紙筆，只好默記在心；等我演講完，我怕會記不正確，就再請問校長內容，結果他爲了愼重起見，就跟我說：

**我先回校長室再看一遍，才抄給你。**

這麼用心待客的校長，眞令我十分感謝和感動。

還記得校長在我演講前，引言說：

**林老師就像媒人婆一樣當橋樑，把很好的教養知識和經驗，傳授給我們新手父母，希望大家能有很好的收穫，…。**

這種比喻，也是我聽過最窩心的話。演講結束時，我就應用剛學到的那兩句話，跟大家勉勵一番，並再強調「學以致用」的重要，我補充說：

**鐘要敲響才是鐘，歌要唱出才是歌；**

**學要做到才是學，愛要行動才是愛。**

鼓勵大家學到就要用到，心動就要立刻行動！贏得非常熱烈的掌聲。

## 3. 溫馨畫面

我去花蓮「稻香國小」演講時，校長的開場白也很特別，他說：我以前認識一位外國的傳教士，有天晚上，我去他家拜訪時，剛好從窗外看到他們夫婦，帶領著孩子們，一起圍聚在大書桌旁讀書，可能是讀聖經吧！在那麼寧靜的夜晚，柔和的燈光下，一家人在一起讀書的畫面，給我很美好的印象。

我希望各位家長，也能帶領孩子一起讀書，那是最溫馨、和樂的幸福時光。

於是我精彩的演講結尾時，就順著剛才校長描述的情景，再鼓勵家長說：希望父母都能營造一個，優良的學習環境，陪伴孩子一起讀書，共創親子雙贏的局面。

我當場還套用古人的名句，希望每個家庭都充滿：

**「歌聲、笑聲、讀書聲，聲聲悅耳；」**而不是

**「罵聲、哭聲、電視聲，聲聲刺耳。」**

贏得滿場熱烈的鼓掌聲。

## 4. 學習驛站

我每到一個地方演講，就把握機會學習、觀摩，以不斷追求成長。除了演講中分享，我已知道的教養經驗外，更值得珍惜的是，我會緊緊把握每一次的人、地、事的機緣，吸收很多我還不知道的學識，或增廣更多新的見聞，也實踐了我極力倡導的學習口號，就是：

**人人皆我師，處處是教室；時時可學習，事事生智慧。**

這些因緣際會，更接地氣的學習機緣，都成爲我很珍貴的資產耶！

**全省走透透　視野更開闊**
**學問處處有　挖寶要把握**

# （五）六龜之行大家樂

有一年四月底，我應邀遠赴高雄縣「六龜國中」演講。外子向公司請休假，大女兒向服務的醫院請事假，唸台大「社研所」的小女兒，剛好學校沒有課；大夥兒就一起計畫，相偕陪伴我去旅行。唯一可惜的是，正在左營當兵的兒子，隨軍艦在海上巡弋，無法請假參加，只好錯過了這次全家出遊的好機會了。

## 1. 小鎮風光讚

由台北一路選好景點玩到高雄，首日到達高雄縣的阿蓮小鎮，傍晚先去觀賞美麗的「月世界」奇景，晚餐就在鎮上的小吃店享用，我大方地跟老闆娘說：

**請你把店裡賣的各種小菜，通通各切一盤給我們。**

因此，各式各樣的鄉土口味，擺滿了一桌子，好吃又便宜，我們吃得笑嘻嘻，老闆娘遇到大方的食客，更是賣得眉開眼笑了。

當晚住進一家大飯店，先生和孩子們，一起泡進清涼的游泳池消暑，我因怕會弄壞在台北做好的髮型，只能在岸邊當啦啦隊的份了。

## 2. 用心做簡報

第二天，一早就到旗山鎮的菜市場閒逛一番，吃了很多當地特有的小吃，像香蕉、艾草粿、枝仔冰等。下午才抵達六龜國中報到，熱心的陳炳瀛校長，特別爲我做了一次校況簡報，藉由圖表上的統計數字，說明學生家長的教育水準，及家庭狀況等，其中單親及隔代教養，占有頗高的比例。

陳校長的美意，是讓我先瞭解聽衆的家庭生活背景，才能說出適合他們需求的內容，他的用心和創意，很值得許多主辦單位做參考。

## 3. 演講受歡迎

在偏遠的鄉鎮學校，家長一向不太熱心參與學校活動，這次校方事前大力宣傳我的學、經歷，大概大家想來聽一聽成功者的經驗吧！那天晚上果然來了很多家長，**我也就使出渾身魅力，國語、台語、俚語甚至流行的電視廣告詞，都適切地搭配上場，贏得一波又一波的笑浪和掌聲。**

尤其是我獨創的「有獎徵答」活動，更引來很熱烈回應呢！會後校長及輔導主任更是再三道謝。他們期待經由這一場精彩的演講，今後能吸引家長重視親職教育。

## 4. 渡假情趣多

在演講會前一天，陳校長不僅辦了一桌，豐盛的晚宴款待我們，也邀請各處室主任作陪。還安排當天晚上演講結束後，招待我們下榻在，新寶的「不老溫泉」旅館。新寶不僅保持原始美麗風貌，尤其是我們泡過露天溫泉後，眞令人感覺通體舒暢，擁有一夜酣甜的美夢呢！難怪素有長生不老的美名呢！

次晨，我們走訪附近的風光，在果園裏，第一次見到巨大的波羅蜜，懸掛在果樹上的奇景，當然也在販賣的商店裏，品嘗了它香甜的果肉，及感覺像是菱角口味的果粒，都是很新鮮的體驗。也買了不少當地特有的土產，幫當地鄉親拚經濟嘛！

## 5. 快樂地學習

第二天早上，利用週會時間對學生演講。一大早陳校長就先陪我參觀校園風光，尤其是介紹全省聞名的，陶藝實習工廠，展示很多件得過大獎的作品，讓我見識了許多學生精彩的佳作。

還有，最令我印象深刻的是，在校園中參觀時，禮貌週到的學生，每一個跟我們相會照面的時候，都親切地點頭敬禮，並打招呼說：

**貴賓好！校長好！**

**讓我感動之餘，頻頻稱讚校方實踐生活教育，眞是十分成功。**

演講會是在露天的操場邊舉行的；全校學生搬來椅子，坐在整排陰涼的大榕樹下，個個都很專注傾聽，也很欣賞我穿插的幽默笑話，時時爆出歡樂的笑聲和掌聲，陣陣微風輕拂過來，滿身清涼快意，這樣才是如沐春風的快樂學習啊！

## 6. 一兼又多顧

在我演講兩小時的空檔，外子和兩位女兒還趁機去附近，以盛產油紙傘聞名的美濃鎮玩了一趟，參觀了「美濃客家文物館」，認識了許多客家人的風土人情外，又吃了道地的粄條、草仔粿等美食，個個都玩得好開心，回來後，還跟我分享有趣的見聞呢！

第三天就轉換到台南一帶遊玩，沿途也是一站又一站停下來，遊山玩水，吃喝玩樂一番。還到過新化一處很大的水果拍賣場，買了不少新鮮又便宜的土產，像芭蕉、土芒果、整箱的小玉西瓜等。

晚上就留宿在「虎頭埤風景區」，它是台南縣府的公共造產。

我在庭院裡第一次看到，一種很奇特的樹，果子是倒著垂掛在枝葉間的，趕緊請教服務台人員。

他答說：是叫猢猻樹呀！

我說：沒聽過耶，請問字要怎麼寫？

就是「樹倒猢猻散」的「猢猻」那兩個字啦！

聽那長者解說，才看出那樹上結的果子，還眞像猴子倒掛般，俏麗又可愛的模樣呢！又實際應證了那句成語的含意，頗有大開眼界和耳聞，驚艷不已的歡喜。眞是不虛此行耶！

## 7. 恍如度蜜月

虎頭埤，這個美麗的景點，我在唸大二時，曾經有一次錯失了來玩的機會；想不到要等三十多年後，才攜家帶眷一塊來玩，總算得償了多年來的心願啦！

這裡有曲徑通幽的環山小路，及環湖步道，更有汪洋一片的埤水，湖中架起迂迴的九曲棧道及虎月吊橋，外子和我牽手漫步其間，朝迎晨光，夕賞晚霞；良辰美景中，話家常、談往事、講笑話，眞令人恍如回到從前，歡度蜜月的的快樂時光！

四天三夜的旅遊行程，讓我們四個人都快樂的不得了，演講費付旅費都還花不完呢！

大女兒還說：**下次還有這麼好玩的演講會，我們一定要再陪媽媽來喔！**

外子聽了，竟也接口說：**我也要再當媽媽的專用司機，香車載美人兜風，多有福氣啊！**

小女兒補充說：**我們把握機會在一起吃、喝、玩、樂，好開心喔！眞是賺很多耶！**

說罷，孩子們竟一起鼓掌起來，還笑嘻嘻地說：謝謝媽媽！爸爸加油喔！

外子聽了，竟笑得合不攏嘴了。

**演講附加價值多　及時把握順便遊**
**家人歡聚值萬金　盡享天倫樂悠悠**

# （六）托福同樂感謝多

有一年十二月初，新竹市政府，爲各工會領導幹部舉辦的「聯合自強活動」，三天兩夜的「南橫參觀研習」課程中，也安排邀請我去演講。本來他們希望我能跟大家一塊兒，當天早上，分乘五部遊覽車從新竹出發。但因我早已有答應，必需先到台北縣的「柑園國中」演講兩小時；所以，只好改約在高雄縣的風景區，他們住宿的一家大飯店見面，預定要講下午四點到六點的演講會。

## 1. 繃緊神經向前衝

那天完成早場的演講，返回到台北家中，還在唸醫學院的兒子，已經拿好外子和我的行李，在樓下等候，準備開車送我們到松山機場了。

我們搭乘十二點多的飛機到高雄後，再改乘二個多小時的計程車，經過鳳山、旗山、甲仙、茬濃等地方；因時間很緊湊，所以我們請司機，路過荒郊野外就飆快，遇到村莊或人、車多的地方就放慢些。**沿途風光雖美，卻無閒情欣賞，面對陌生又冒險的行程，深怕萬一發生什麼差錯，或延誤到達時間，那豈不就壞了大事了。**

我一路上默禱著，祈求老天爺，守護我一路平安到達；我豎起身上每一根神經，專心一意，眼看四面，耳聽八方，以提醒司機，避開凹凸不平的路面，或轉彎的地方請他開慢一點，沿途絲毫不敢鬆懈；一直到達目的地，才大大地鬆了一口氣。眞是感謝老天爺厚愛。我平時常做很多善事，所以相信老天爺一定會保佑我平安的。

我還提早二十多分鐘到達，聽衆早已集合在會場大廳，等候我開講了；看到我僕僕風塵趕來，大家都報以熱烈的掌聲歡迎我。

於是，我馬上展開二小時的演講會，我唱作俱佳，幽默風趣，又笑話連連，內容很精彩，贏得滿堂爆笑聲和多次熱烈的鼓掌聲。會後列席的好幾位市府長官，都一再向我道謝，並稱讚我活力充沛，眞是魅力十足呢！

## 2. 新奇旅程體驗多

當晚就住宿在新寶來的一家很好的飯店，享受鄉野風味的特色美食，又泡了別緻的温泉浴。第二天，外子和我也受邀一起加入，他們的旅遊行程。南横公路風景果然雄壯秀麗，沿途觀賞層巒疊翠的山峰，變換多彩的雲海，陶醉在如此良辰美景，突然想起宋代辛棄疾詩中的名句：

**我見青山多嫵媚，料青山見我應如是。**

我還特別從窗口拍下許多張，超美的雲海畫面。沿路探訪了多處著名景點，還第一次見識到獨特又聞名的，高山湖泊「天池」的奇景。下午到達台東，大夥兒暢遊「知本森林遊樂區」，除了享受滿滿的森林浴外，我們還爬上「好漢坡」，欣賞瀑布、千根榕等新奇景觀。

夜晚，則留宿在台東著名的温泉旅館，我們先到街上逛一逛，欣賞東台灣獨特的純樸風情，品嚐多種在地口味的小吃。就寢前，還一起泡温泉，享受輕鬆愉悅的時光。外子是工程師，我們平時工作都很忙碌，難得有機會陪伴相偕來度假，重溫兩人世界的甜蜜時光，眞是快樂的不得了。

### 3. 義務輔導盡心力

第三天就行經南迴公路，欣賞了波濤壯麗的太平洋風光，以及一些著名景點。在車上我也跟著大夥兒玩成一片，說笑話、講故事、猛飆歌、唱卡拉OK等。

當然在車上，也有研習課程，就是觀看名家演講的電視錄影帶，讓我多吸收很多知識維他命：此外，我也參加他們舉辦的研討會，並盡一份心意，提出一些很好的建議呢！

旅途路上，有些學員還把握良機，提出各種問題跟我討論一番，我也樂得當隨隊輔導員，學員獲得滿意解答後，都一再道謝呢！

其實，我才要感謝他們，托主辦單位和學員的福氣，才能跟隨著旅遊三天，不僅增廣許多見聞和知識，也享受吃喝、玩樂一番，而且又被當貴賓般殷殷招待，眞是太歡喜了。

外子開心地說：**我是托你的福氣，才能一同享受這麼精彩的假期。謝謝你喔！**

我笑著回他說：**有你陪伴同行，一起來玩才能這樣開心，我才要謝謝你呢！**

**工作旅遊兩得兼　盡賞風光享福多**

**幸有夫婿相陪伴　沿途同樂趣味多**

# （七）演講兼旅遊

二十幾年來，我因到全省各地演講，而有機會順便到處旅遊，不僅欣賞許多著名景點，也見識了許多的人、事、物等故事。可說一舉數得，這是托許多邀請單位之福，才能有這樣寶貴的機會，眞是感恩不盡！今舉出幾個，印象特別深刻的實例，跟大家分享。

## 1. 大開眼界眞稀奇

有一年五月初，應邀到花蓮的「稻香國小」演講，校方招待我們住進一家裝潢很別緻的民宿，庭院還懸吊著一張很大的雙人搖椅，外子跟我一時童心大發，各自還抱著一隻大玩具熊，像盪鞦韆地擺盪起來，兩人就像回到童年一般，笑嘻嘻地玩得好開心呢！

我們安頓好行李後，就照事先安排的計畫，因第一天晚上，要先去「鳳林國小」演講一場。所以，下午就先去察看鳳林校址，認識開車路線；也順便到街上逛逛，外子看旅遊雜誌上，有介紹一家賣花生的名店，我們找到後，卻看到小小一包，價錢卻蠻高的。

外子隨口問：這一包重量有多少?

老闆神回：東西好吃不必問重量。

在這純樸的地方，竟也會有這種店，因此我們就打消了，原定要多買送親友的念頭，只隨便買一包就離開了。後來找到一家賣剝皮辣椒店，顧店的是一位年輕外配，滿臉笑容招呼我們，交談幾句後，印象很好，我們就決定多跟她買幾罐，她開心地一直點頭道謝。

第二天一大早，我們就去逛全台最大的「吉安市場」，果然百貨應有盡有，且熱鬧無比；其中有一處原住民特產區，看到臉盆內一坨坨黏答答，還會蠕動的蝸牛肉，還有檳榔心和各種不知名的野菜，真是大開眼界了。

那時，剛好有參選議員的候選人，過來分送母親節應景的康乃馨，我也獲贈幾支，正好可帶到明早的演講會場，當作「有獎徵答」的獎品之一，就地取材，借花獻佛嘛！

那一場演講聽衆大爆滿，最後面還臨時加擺放很多張椅子呢！校長開場分享的故事，更讓我又蒐集到一個很好的實例呢！

## 2. 花海中共渡中秋

有一次，是去花蓮的「東里國中」演講，我們安排四天三夜的輕旅行。第一天先去聞名的「六十石山」，繞著金針花海蜿蜒的產業道路，把滿山遍野黃澄澄的獨特風情，目不暇給地盡收眼底，眞是美不勝收。

傍晚在一家「彭X媽」民宿住下，享用當地風味的有機特餐後；民宿主人的胞弟，剛好去山溝裡，抓來幾條活跳跳又肥滋滋的野生吳郭魚，就地在院子裡升柴火烤起來了；燒著紅紅碳火，只在鐵板上，鋪著一層厚厚的鹽巴導熱，先後翻幾次面就烤熟了。

我們就在旁邊觀賞野炊的情趣，享受著香味四溢的薰陶，烤好了就當場請住客享用，大家就圍著火堆，歡喜地大口啃食起來了，眞是超新鮮又甜美！是道地現出爐的美食！眞是「此味只有她家有，別處難得此口福」耶！

夜晚，我跟外子就在庭院裏，架起高台的長椅上，輕鬆地談天說笑。當晚正好是中秋夜，清靜山上因爲沒有任何光害，晴朗的夜空佈滿閃爍的大星星，而獨立在群星中，是又大又圓又亮的月姑娘耶！

環顧四周，則是一望無際的金針花壇；我們分享了童年過中秋節的逸聞趣事，和過去過中秋節的感想等；剎時，彷彿回到新婚度蜜月的兩人世界了！我還應景地講了，幾個有關中秋節的有趣笑話，逗得外子開心地哈哈大笑呢！

外子是工程師，平日工作很緊張又忙碌，這次是特別請休假陪伴我來的，很難得在此共享悠閒時光，眞是很感謝他的疼愛了。

第二天大清早，我們在濃霧中開車到「忘憂谷」高台看日出，發現那裏早已有許多遊客在守候，有不少的攝影機早就排排站，等著搶鏡頭了。

我們還參觀幾處農人曬金針的場域，欣賞到黃金處處的華麗風采；也學到辨認出一日花、兩日花等常識，眞是滿心歡喜。直到下午才離開，準備前往晚間的演講。

## 3. 沿途遊玩好景點

「東里國中」的演講會，家長和學生，反應都很熱烈。當晚校方還招待我們，住在一家很高級的溫泉旅館，各種豪華設施都很齊全，聽說是家長會長自己開設的，竟特別禮遇，把我倆當貴賓招待，眞是太感謝啦！

第三天早上，我們去玉里鎭逛逛，吃了聞名的玉里麵，又買了著名的羊羹。隨後，我們就沿路逛了好幾個景點，像三仙台、水往上流、小野柳等。

晚上就投宿在台中，因爲隔天還要去「大秀國小」演講。結束後，沿途順路看了一兩個景點，就趕在天黑前，到苗栗縣「明德水庫」的「教師會館」過夜，當時是屬縣府的公共造產，算是景美價廉的國民飯店。

第四天一早，我們快走環繞水庫周邊一圈，欣賞別緻的山水風光，途中還在「明崇寺」對面的水泥牆上，抄下一幅看板上寫的好詩，其中有首：

**春有百花秋有月，夏有涼風冬有雪；**

**若無閒事掛心頭，便是人間好時節。**

這是很正面思考的傑作，實獲我心。午餐是去一家著名的飯館，吃土雞和野菜後，就提早上高速公路，趕著在傍晚下班車陣塞滿前，回到台北的家了。

我們去花東演講很多次，每次都攜帶許多日用品像計算機、保溫水壺、旅行背包或學用品、玩具等，當作「有獎徵答」獎品，家長都很喜歡。

有一次到宜蘭的「平X國小」演講，事先我有先跟輔導主任，表達要轉送新衣及有些二手的漂亮衣物；屆時就載滿車後的行李箱，像童裝、西裝、大毛毯、兒童的衣物和學用品等，送給來參加聽講的家長呢！

我們曾先後多次走東部海岸公路，或花東縱谷公路返回台北，隨興遊玩，還繞了台灣一周呢！

## 4. 盼續東埔好歌聲

有一次去台中霧峰一個國小演講後，我們就專程去信義鄉的「東埔溫泉」遊玩，我們住的旅館附近就是東埔國小。大清早我們

外出散步時，巧遇一位開民宿的老闆娘，聊天中，

她告訴我們：

二、三十年前，這裡學校的小學生，每天都是排著路隊來上學，途中就一路高聲齊唱原住民山歌，而且是東邊一隊唱過來，西邊也有一隊唱過去，有時還會互相對唱，因爲清晨聲音在空曠山間，很輕易就傳送開來，那種聲音好優美、好好聽喔！這附近村子裡的人，每天都能享受這純眞、嘹亮的歌聲喔！

我好奇地問：那現在還有嗎?

她嘆口氣說：早就沒有了！好可惜耶！老實說，我娘家是住台中，我年輕時來這邊上班，爲了能享受聆聽清晨的歌聲，才決定嫁給本地人啦！

我好奇地問：是什麼原因呢?

她答：大概是時代和環境都改變了嘛！不過跟學校或校長有沒有重視或提倡，可能也很有關係吧！

這眞是令人扼腕嘆息的事了，這樣美好的事，爲什麼不讓它繼續傳承下去呢！這裡有的是天時－山間空氣好，地利-原住民歌喉好，只要再加上人和校方的重視，不就容易行得通了嗎？

這份寶貴的文化資產，是應該在民間流傳下來的，原住民美好的歌謠和歌聲，不應該只有在音樂廳或節慶時，才偶而表演一下，而是要充分融入日常生活裡才對呀！

**我就跟她說：有機會我一定要向有關單位反應或建議一下。**

**她滿心歡喜地說：那眞是太好的事了！**

來玩這一趟，能聽到這麼美好又令人嚮往的傳奇故事，比享受泡溫泉的樂趣，收穫還更多也更值得呢！

## 5. 離島風光人情好

有一次，到澎湖的「風櫃國小」演講，我爲預防飛機會誤點，所以就搭提早兩個班次先到達，剛好趕上參加他們的升旗典禮。校長特別給我介紹，海島學校各種獨有的教學方案，及學生家長背景等；我也盛讚他們是，領導現在最流行的「小校小班制」的先鋒。師生都受益多多。

因學生人數很少，所以家長人數雖不多，但都很專心聽講，會後也熱烈提問，我也給予很圓滿回答。演講結束後，校長還專程開車，載教導主任和我，遠到一家海產名店，飽啖當地特色海產；我也初次品嘗了美味的仙人掌冰，他們還解說「風櫃斗」地名的由來。這眞是一次美好的旅程。

## 6. 學習之旅豐收多

我曾在南投地區駐講了一個禮拜，把握空檔，玩遍周邊許多景點，還常去逛黃昏市場，飽嘗許多在地風味的美食。不過，最難忘的是去「德興國小」演講，陳校長陪伴家長一起全場聽完後，做結語時，竟對家長說：

**我跟林老師，眞是「有相見恨晚」的遺憾，我如果能在十幾年前，就聽到林老師的演講，我會選擇不要當校長，我要回家當個好家長，好好教育我的孩子了，…。**

以校長之尊，能夠說出這麼眞誠又謙虛的話，用來推崇、讚賞我，眞令我很感動，刹時，讓我覺得我風塵僕僕地，四處演講，傳播我的教育理念和分享心得，是很值得的一項使命。

這些年來，我走遍全省各縣、市，受到邀請單位的許多禮遇和招待，也領受很多溫暖的人情味，他們常餽贈我當地的名產，像宜蘭的「牛舌餅」、台中大甲的「芋頭酥」，苗栗鹹、甜兩味的「麻糬」、花蓮的「花蓮薯」、屏東的「萬巒豬腳」、基隆的「豆沙餅」等，也有整套的茶具、瓷盤及運動用品等。眞是琳瑯滿目呢！他們情深義重的美意，眞令我無限的感動和感謝！

二十多年來，我到全省各地努力推廣「親職教育」，也藉此托福玩遍各地名勝，吃遍各種在地美食，更接觸很多不同的人、事、物等；都增廣我很多見聞，拓寬我的視野，更學習到很多知識，這些接地氣的寶貴生活養分，都會匯集存進我的知識寶庫，有機會就再轉傳出去，發揮更廣大的效益。

我曾開玩笑地說：

**演講是主業，旅遊是副業，把講費當旅費，都還花不完呢！**

我很感謝這份老天爺的恩賜，再加上我自己努力開創的機緣，爲我平凡卻精采的人生，留下許多美好又珍貴的回憶，這眞是一件很窩心的樂事啊！

**感恩接待人事物　行萬里讀萬卷書**
**樂活人生巧機緣　一兼數顧多蒙福**

# （八）單飛闖天下

幾年前有一天早上，我去新北市板橋「中山國中」演講，講完又用過午餐，已是下午兩點多鐘了。但是隔天，我又要去新北市三峽的「安溪國小」，預約有上、下午兩場演講。我想一想，明天一大早，就要從台北趕著出發赴會，擔心會太匆促或太累，因而可能影響演講品質。

平時，若要遠赴外地演講，需要在當地過夜時，外子都會陪伴我前去的，但那天他另有要事，我只能單獨赴會了。不過，我也想藉機練練自己的膽量；爲了省路程，乾脆當天午後，就獨自從板橋直接開車上北二高，前往三峽投宿過夜去了。

我就這樣單槍匹馬，住進了一家離學校最近的汽車旅館。我聽從劉文章主任的建議，就訂在最靠近櫃檯的房間，感覺較安全，果然，一夜飽眠後，第二天就能神采飛揚地演講，贏得很熱烈的掌聲和回響。

## 1. 想再試一下

有了第一次順利又成功的經驗，後來又把握機會，是去更遠的台東和屏東。我第一天，先搭火車去台東關山的「拾穗山莊」，參加「愛笑瑜伽協會」所舉辦的「笑長訓練課程」。三天兩夜的研習中，我既當學生又當老師，因協會安排了請我演講一場「講笑話培養幽默樂觀」題目。整個研習內容，實用又有趣，收穫滿多的。

山莊環境十分純樸自然，四周全是濃密林木環繞，景觀優美又寧靜，還有一口會湧出清澈泉水的水池呢！白天沒有車聲、人聲等噪音的干擾，有的只是愉悅鳥叫或蟲鳴；空氣更清新，讓人隨時都好想多深呼吸幾口。

尤其夜晚，因爲天空中沒有任何不良光害，所以都能觀賞清明的月亮，和滿天明亮的星星，我們學員看到久違的美景，竟歡欣地唱起兒歌：

**一閃一閃亮晶晶，好像許多小眼睛，掛在天上放光明，…。**

我就這樣因緣際會，飽享了一趟身、心、靈都很滿足，像是在世外桃源般的假期！

我曾跟陳莊主說：將來我退休後，就來你的山莊長期掛單，一定會靈感如泉水般不停湧現，正可好好創作一番喔！

陳莊主笑著說：隨時歡迎大駕光臨！

我打趣地說：

**可不可以打工換住宿啊？我很會割草，和整地種菜、種花木喔！**

說完，兩人都相向哈哈大笑起來了。

陳莊主是位性情中人，他還是公視的「公民記者」，攝影和錄影達人，也時常幫我錄製演講專輯，這個山莊是他計畫退休後，準備做爲養老的「秘密基地」啦！

## 2. 成功在嘗試

課程第三天結束後，我就直接坐火車到屏東，這次是應屏東縣政府的邀請，去做一整天的演講。我事先聽從縣府人員建議，就近訂在縣府旁的「荷X村」民宿。這是我第二次單獨出外過夜，一切都很順利圓滿。

這次演講會參加的人，都是中小企業的老闆和主管級的學員，我也使出渾身法寶，贏得很大的讚賞和回饋。同時也証明了我的身體還蠻硬朗的，雖已年近古稀之齡，但是連續講一整天的課，也沒有體力不支的感覺。

更高興的事，有機會看到宋修珍好友，她是我二十多年前的學生，曾經專程由屏東跑來高雄，上我一整天「親職教育」的課程。

老友重相逢，眞是開心極了，她竟說：

**這次是又來補習老師的「人生學分課程」啦！**

這回的演講會，是她熱情推介，分離時，她又餽贈很名貴的土產呢！多年好友，眞是情深義重，感恩不盡耶！

## 3. 感謝學生情

要返回台北時，有一位聽衆，他聽課後很敬佩又很感動，就很熱情地邀我搭他的便車，順道送我到台南站搭高鐵，比較節省時間，還熱心幫我退回，由屏東到台南的火車票。

車子路過大樹鄉時，他堅持要停車，購買當地盛產的玉荷包荔枝送我，我要給他費用，他堅持不收，眞讓我很感謝又感動。一路上約一個鐘頭聊天中，我們討論了一些教養孩子的問題，下車時，我一再跟他說「謝謝！」

他竟然笑笑說：**哪裡?是我賺到一筆很高的諮商費啦！能夠向名師當面請教，才是我的福氣啦！**

演講兼旅遊，又能在很短的時間裏，接觸各種特別的人、地、事、物等，尤其感受到很多溫暖又珍貴的友情，這些寶貴的收穫，也是讓我僕僕風塵，到處奔忙，卻又樂此不疲的原因之一吧！

這次又單獨闖天下的經驗，讓我收益很多，也促使我更有信心，想單獨出國去旅行了。

## 4. 勇敢出國門

去年夏天，我大哥和大嫂參加了「北歐四國之旅」，也邀我一起前去，外子因另有要事，不便出遊，於是，我就邀請一位學妹同行。這是我第一次，沒有先生或孩子陪伴出國的旅行。

旅程中一切大小瑣事，都要自己打理關照，沒有家人可幫忙，起初，還眞有一點繃緊神經的感覺；還好，習慣後就放輕鬆多了。旅途盡賞北歐丹麥、挪威、瑞典、芬蘭等，被稱爲世界屋頂的風情。尤其是挪威，那純樸自然又原始的景觀，一個個連綿不斷的雪白山頭，或一片片清爽的近樹風采，以及滾滾的水波浪花，這些獨特的峽灣美景，都深深療癒我之前，因要旅遊而趕著打字完稿，卻過度疲憊的雙眼和身心，眞是賺很大耶！

這次北歐之旅，我先後坐了幾次的大、小豪華郵輪，覺得很舒適，很穩當又有樂趣，也證明了，我將來能適應搭乘郵輪，去環遊世界的美夢。

還有一點，算是我突發的領悟：

**每個人，不都是自己一個人，來到這個世界；**

**最後嘛！又單獨自己一個人，回到另個世界。**

旅遊眞是人生最好的學習、體驗和挑戰，…。尤其我這三次，單飛闖天下的寶貴經驗，促使我更有自信地，要再接再勵下去，朝著邁向「環遊世界」的美夢前進。我要做好一切行前的準備，再出國雲遊四海。相信回來後，會有更多的感想、覺悟或收穫的，這樣才不辜負我這輩子人生，來到這個世界上走這一趟吧！

**人生旅程有伴是幸　遇到單飛也快樂行**

**闖天下要敢試一試　不做怎知你行不行**

# （九）趕場作秀挑戰多

有一年五月一日，台北市「萬大國小」爲提早慶祝母親節，安排了許多活動，其中邀請我講一場「親職教育」，時間是從上午八點半到九點半，早在幾個月前就邀約說定了。

後來，剛好位在台北縣的「深坑國中」，爲慶祝校慶，除了舉辦運動會外，也力邀我去跟家長演講，時間是十點半到十二點，我推算兩場之間可有一小時空檔，可趕場去講，因他們演講的日期都無法改換，而我也不願錯失分享的良機，所以也都答應了。

## 1. 分秒必爭趕場去

於是，我跟「萬大國小」輔導室陳主任，拜託一定要準時開講，我也要準時結束；又向「深坑國中」輔導室主任報備，萬一遲到一下子，請家長稍爲等候。我和外子則事先規劃好開車省時的最佳路線。

「萬大國小」校方果然配合得很好，寬大的活動中心，早就坐滿了慕名而來的好幾百位家長，我使出渾身魅力，所以時間雖然減半，精采卻更加倍，高潮迭起，尤其結束前家長接二連三提問，眞叫我欲罷不能了。

眼見已延後十分鐘了，本來跟外子約定好，他在校門口發動車子，等我下課衝出來，一上車就直奔深坑。外子當時不見半個人影閃出，趕緊跑到會場探看，原來我被家長團團圍住，回答一連串問不完的問題，暫時無法脫身。我瞧見外子前來催人，只好面對熱情的家長，一再揮手說：「謝謝！很抱歉！後會有期！」，家長更是熱烈鼓掌歡送呢！

我們倆就急速地，奔馳在曲折的鄉間小路，一路上有碎石、有水堀、更有爛泥巴等。我專注地幫忙看路，外子更聚精會神地握緊方向盤，又要判別是否有遇到岔路，眞是既緊張又刺激且很擔心的路程。

拼了危險趕路的結果，還提早二十分鐘就到達會場，比部分家長還早到呢！這是半天趕二場的體驗。

我也常有過在台北縣、市，一天連趕三場的經驗呢！更有早上搭飛機到高雄演講，下午再趕回到台北縣的「忠孝國小」演講，其間就全靠外子準時，在松山機場接應我呢！

## 2. 一場要趕兩地方

還有一次也很有趣，有一個宗教團體邀請我，一場演講分兩個場地上課，第一場在桃園東方八德市的「媽媽教室」，講完一小時後，又趕往在桃園西方蘆竹鄉，一個教堂內再講一小時，而且講題不同耶！

主辦人開車在前面帶路，要我尾隨跟蹤在他的車子後面走。我和外子一路緊盯著他的車尾，遇到中間被別人插入三、兩輛車，我們就好緊張，很怕萬一跟丟了，茫茫車海中，可要怎麼去找尋呢！

後來又轉進一條鄉間產業道路，彎彎曲曲的牛車路，車子搖來晃去很厲害，好擔心會被爛泥巴卡住而拋錨了，大約開了一個鐘頭，才好不容易到達目的地。

正想鬆一口氣時，走進教堂裡，看到已經有蠻多人在等候我。我立刻提振起精神，賣力演講，也獲得很多掌聲和迴響。就把剛才趕路的疲累忘光光了。

只要對聽衆有益處，這樣的奔波也就蠻值得了。回程就改請外子開車，我上車坐定後，才發現我已身心俱疲，幾乎癱軟在座位上了。

## 3. 準時赴會不遲到

我住台北市區，每次遇到週六，要去台北縣或外地演講，一定要趕在中午十二點以前，離開台北市的聯外道路大橋，例如中興橋，華江橋、華中橋、福和橋、台北橋等，因那時週六機關、公司，都還須上半天班，爲避免大量上班族，中午急著要下班而塞車，因而會耽誤我開講的時間。我都先提早通過那些橋，等到達目的地後，再去附近去吃午餐，然後又在車上稍作休息，養足精神後，再從容上台演講。

另外，也有在台北跟台中、高雄等地趕場的經驗，我時常在大清早搭飛機到中、南部講上午的課，中午再趕回來台北縣、市講下午場。

爲了預防飛機脫班或延誤，我都提前兩、三個班次搭機出發，自然就能提早，或準時出現在演講會場，許多年來趕場作講台秀，除了感謝兩地接機人員的鼎力相助外，也是託老天爺的保佑，讓我行程都能順暢，從沒延誤開場時間，且都能圓滿達成任務。

## 4. 多聽演講益處多

聽演講是吸收專家的「知識維他命」或「心靈大補丸」，也是一場心領神會的「心靈約會」，更是一種經驗或知識的傳承。演講者和聽衆的相聚，也是要有很大的緣份，說不定，你這輩子就只有這一次，聽我演說的機會而已。所以雙方都要十分珍惜和把握；各盡所能充分合作才好，講師要發揮專業，讓聽衆滿足需求；聽衆也要十分敬業，才能滿載而歸。我常常告訴聽衆，聽我的演講有三大益處：

**增加成功的經驗，降低犯錯的機率，縮短摸索的時間。**

我又說：你給我兩小時的時間，我給你二十年的經驗。很多教養兒女成功的秘訣，你早知道就早做到，早做到就早賺到。把兒女教育成功了，就可「**人財兩得，坐以待幣**」—坐著等收新台幣！要是教育失敗了，就會落得「**人財兩失，後悔莫及**」了。

## 5. 主辦單位盡心力

一場演講會要辦得順利成功，除了主辦單位費心盡力的籌劃，從講師的邀請，經多次商討，才能敲定日期、講題、講費外；主辦單位事先還要發邀請函或通知單，給家長或社區民衆，也要製作及張貼精美宣傳海報，還要統計出席人數，印製講義、選定適合會場等前置工作。

到演講當天還需佈置會場、排桌椅、貼好海報、準備茶水、簽名簿和分發講義等，也要測試，單槍筆電等輔助教具的功能；有時還要負責接送講師。這些都要動用很多人力、心力和物力呢！

## 6. 講師形象要愛護

尤其是擔任最佳主角的講師，更是主導演講成敗的靈魂人物，她除了要懷有寶貴的經驗、學識或絕技外；在演講前好幾天就要留意不能有感冒、咳嗽、流鼻涕、聲音沙啞等情況，更不能生病、跌倒或受傷。

所以外出走路要小心，注意安全；最好不要去爬山，避免被蟲咬、樹枝搓傷或扭傷足裸等；甚至臉上長顆青春痘、腫個包、留個醜醜疤痕等，這些會破壞形象的事，都要小心盡力避免耶！

演講當天，她要去做頭髮、臉上化妝、全身穿戴整齊又亮麗才出發。一路開車也要小心翼翼，路途中不能有半點差錯，避免遇到塞車或發生意外事故，才能順利到達現場。再以神采飛揚的形象，準時出現在講台前。

往往從三、五個月前就預約的演講，到當天盡心盡力的演出，講師也承受不少的風險和壓力呢！

## 7. 時常搏命爲演出

關於開車赴會的驚險事，我的經驗可多呢！在宜蘭「雪隧」還沒通車前，我曾開過多次北宜公路，感受過九彎十八拐的驚險情境。有一次去宜蘭的「利澤國中」演講，是晚上的場次，講完時間已太晚了，只好在那裡的旅館過夜。清晨一早起來，發現霧氣很濃、很重，但因下午在台北還有一場演講，所以還是要硬著頭皮上路，趕回台北赴會的。

一路上視線陰暗又渾沌不清，走到九彎十八拐路段時，霧氣更濃厚，幾乎看不清，前方三、五公尺的路況，我也只能繃緊神經，握緊方向盤，全神灌注地盯住前方看，小心翼翼地摸索前行，轉彎時，好害怕對向車道，會有粗心大意的駕駛，衝過中線撞了過來；還好，託老天爺保佑，我終於能化險爲夷，平安走過來了。

又有一次，是去花蓮的「鳳林國小」演講，那時走的蘇花公路，還是要經過最驚險的「清水斷崖」，外子本來說換他開，但我也很想試一下膽量，當然，更要小心翼翼地開，當時，只覺得彎曲的路面太窄了些；等通過不久後，有一處特別寬廣處，我們停下車，回頭往那裡再觀看一下才發現：

**天啊！那斷崖眞的好陡、很長又好深，根本看不到它底部的海水呢！**

這時候，全身才起了雞皮疙瘩，眞是好驚險、好可怕耶！萬一不小心掉了下去，可是萬丈深淵，粉身碎骨耶！

曾聽過有人開玩笑地說：

**要是不幸，初一掉下去，要等到十五才能找到人呢！**

好慶幸我能順利開過去，更要感謝老天爺的保佑，我才能歷險如夷，平安地冒險闖過關了。

## 8. 珍惜一期一會時

尤其像我時常要搭飛機往返中、南部趕場，爲了爭取時間，往往要冒著生命的危險趕赴會場呢！例如那時搭機到台中的水湳機場，在空曠的郊區，風大、霧多，有時飛機要在空中盤旋，等候三、四十分鐘才敢降落呢！

我曾開玩笑地對聽衆說：

**萬一那天飛機降不下來，或發生意外，那「演講會」豈不是要改成「追悼會」了。**

呸！呸！呸！我是隨便亂開玩笑的啦！

因此，我常鼓勵家長，每次聽演講，一定要：

**準時出席，專心學習，勤作筆記，提出問題，聽完再走。**

**更重要的是：知道就要做到，做到你就賺到了。**

這樣才會有很大的收穫。也是給辛苦的主辦單位最好的回饋。同時，才不辜負講師的搏命演出喔！

**因緣聚合演講會　傳授無價智慧財**
**及時進修要把握　終身受益多珍愛**

# （十）四輪長腳跑天下

## 1. 初試身手磨練多

偶然打開收存多年的大信封袋，上面寫著「學開車記」，打開後一看，竟有一本「學開車指南」的參考書、日記本，及二十幾張大大、小小的紙條，上面都畫有簡圖，又寫上提醒重點文字；凡是要學的項目、像倒車入庫、路邊停車、直線加速和最難的曲線進退等，都標記每一個的操作要訣，現在重看這些資料，還真有點佩服自己，當年用功的精神呢！

那已是民國七十五年八月的往事，當時我已經是四十多歲，又是三個孩子的媽媽了。

我翻開筆記本，記錄了不少學習心得，尤其是跟教練間互動的情景，雖對他的教學方式有些不滿意，但終究還是很感謝他的指導，不僅是在學習技巧上，特別是在日後當一位老師的心態上，也給我很大的啟發和警惕。

## 2. 尖酸嘲諷要忍受

例如，上第二次課時，教練指導發動車子的方法，這是我這輩子長這麼大，才第一次能開動一部汽車，既興奮又緊張，正陶醉在速度感的喜悅中，竟未發覺方向盤已打歪，有點偏離了線內車道時，教練就兇兇地說：

**你要開到那裏了？要開到太平洋去嗎？**

教練嘲諷的話，剎時凍住了我得意的笑容。

那時的教練車都是手排的，所以左腳常要踩緊離合器，右腳踩油門時，輕重還無法操控穩當，兩手把握方向盤也不易控制自如，有時還要抽出右手推排檔桿，常常會搞得手忙腳亂，顧此失彼。

有一天下課前，教練再次提醒我，腳要放開離合器，接著又說：**我說的聲音都沙啞了！**

我聽了深感抱歉，就用賠罪的口氣說：

**教練！對不起啦！我不是故意害你的啦！這樣好了，待會兒下課後，我請你喝飲料，好不好？**

他回說：不必啦！我是自己早上教太多課的原故，我不是怪你。

我聽他這麼說，才鬆了一口氣，原來他是自己太累，而隨便說出遷怒我的話。還好罪過不在我。不過，我還是陪著他喝了一杯橘子汁，慰勞他的辛勞，害我差一點就趕不上，要趕回家煮飯的那班交通車呢！

## 3. 教練耐心最重要

又有一次上課，是練習慢速前進、倒退及操作排檔桿，我要推排檔桿時，正在拿捏如何恰當使力時，教練馬上催促說：

**你推不動嗎？是不是早上沒吃飯？下次要吃飽飯再來上課喔！**

我對他心急口快的誤解，雖感不悅，但也只能苦笑置之，少做辯解，以免得罪了他。

當教練的職責就是要和顏悅色，且不厭其煩教導學生練習，直到學生熟練爲止。他對待初學的新手，不僅要深具愛心、耐心，更需要有不責罵、不遷怒、不嘲諷的修養才行。

聽說同期的學員，有的被教練罵得哭哭啼啼；有的受不了尖酸的冷言冷語，當場兩人對嗆、對罵起來，事後只好要求換掉教練；有人一再被教練譏笑是笨蛋、白痴或木頭人等，有幾位承受不了語言暴力，乾脆放棄不學算了。

其實，學習任何才藝，就該厚著臉皮、硬著頭皮，堅定不移，努力學會才是；何必介意教練的壞脾氣，管他罵了多難聽的話，而白白放棄了當初，自己要追求的目標呢！

## 4. 感謝外子提攜情

在受訓末期及準備要考照期間，外子常常利用大清早時段，從台北市區載我到內湖的成功路上，指導我道路駕駛。除了熟練各項應考技術外，也讓我學會判斷車距、安全會車，變換車道等細節。外子總是和顏悅色地解說或示範，更會隨時給我稱讚和鼓勵，讓我對考取駕照，充滿著很大的信心。

偶而練習累了，就下車並坐在大湖邊，欣賞秀麗的湖光山色，隨興聊天說笑，放鬆緊繃的心情後，再上車勤練。外子曾戲稱那是一段最甜蜜的「戀(練)愛時光」—練習如何愛車。我則說，那是最深厚的「革命情感」時段，彼此都爲共同的目標而合力打拼，我爲考照的前途，他爲省錢的錢途—重考要再花報名費。外子常以幽默逗趣的話語，討我歡心，增添許多生活情趣。

## 5. 奮戰到最後一秒

教練場的課程結業後，還有約十天，才會去監理所考照，臨考前一天，我接受外子建議，再回教練場買鐘點，請教練再陪我複習，各項模擬測驗項目後，心裡就踏實多了。

當場又聽一位學員說，南港有某高工的汽修科，也有一個實習用的練習場，當時雖已快黃昏了，但外子仍樂意載我直奔該處，並指導我演練得更精準，我倆同心協力，挑燈夜戰好久，直到精疲力竭才罷手，可說是奮力衝刺到最後一分一秒了。

皇天不負苦心人，我果然一考就過關，順利拿到了駕照，同期有多位年青小伙子，都吃了敗仗呢！其中包括一位很自負的，在某工學院上班的學員，當他聽到我在考前，還多花一次鐘點費複習，竟笑著說：

**我連上課的時數都還有剩下，不必用完就學會了呢！**

他們對我這匹黑馬的表現都跌破了眼鏡，誰知道我曾花下多少紮實的苦功夫呢！這也證明「哀兵必勝」的名言吧！

這次的經驗的心得，就是要做好一件事，只要竭盡心力，全力以赴，成功是不受年齡限制的。我在日後對年青人演講時，就常拿這次親身的經歷舉例呢！

## 6. 膽大心細磨練多

拿到駕照後不久，因爲我常受邀到外縣市演講，必須單獨開上高速公路；外子爲了協助我適應開快車，就利用假日挑選了西濱快速公路，從八里到林口發電廠，那段筆直又車少的道路，去練習開快車的膽量，每次外子輕喊：

**加油！再加油啊！**

我雖然有點緊張，身旁有他陪伴鼓勵，心窩裏常湧起一份溫暖情意。每次練習好了，外子就說要犒賞我的努力成果，就相偕同遊大園、竹圍、林口等地方，又請我吃一頓豐盛的小吃，練功又郊遊，一兼二顧，倒也其樂融融呢！

## 7. 勇敢踏出第一步

記得我自己第一次開車，是去台北市的「南港國中」演講，我特別提早到達，那時校園內的小停車場，只剩下一個很窄小的位置，我很小心地分了三次才停好，也先把車頭方向往外面倒好，免得回程時，校長或輔導主任送行時，會撞見我操作不太靈光的窘況。

第二次是去內湖「潭美國小」教授一系列「快樂父母成長班」的課，車子需停放在校門口，有高低坡度的馬路邊，我請導護志工媽媽幫忙指揮，一步步慢速後退倒車，深怕一個不小心踩重了油門，後輪就會滑落掉到坡谷下的民房了，那情況可就慘兮兮了；戰戰兢兢地停好車，才發現自己，滿身都冒出冷汗了。

這兩次經驗都是教練場裏沒教過的，只有靠自己隨機應變了。難怪有不少人，雖然拿到了駕照，卻始終不敢開車上路呢！

學開車嘛！就是要膽大心細，有時還要有點被逼上梁山的壓力，才能充分壓出潛力，勇敢地突破前幾次的難關，一旦通過了各式種試驗後，以後開上馬路，就條條大道任你暢行了。

## 8. 爲誰辛苦爲誰忙

這些年來我遠赴各縣市從事「親職教育」的演講工作，曾有過一個禮拜來回走了十幾次走「北二高」的記錄。像台北縣土城市的「清水高中」就先後邀請我講授初級，和高級班系列性的「快樂父母成長班」，每期都由我一人主講八次課。

而且上課都在夜間時段，那時適逢五、六月梅雨季節；有次下課時，又下起傾盆大雨，在接近中和隧道路段，連最快速的雨刷，都掃不開擋風玻璃上的雨水，視線看不到前方三、四公尺路況，而且路面早已淹水好幾公分了。黑夜中只有緊綳神經，緊握方向盤，全神貫注地摸黑前進。

等雨勢稍小，我的警戒心稍放鬆時，才想到剛才在暴雨中，萬一車子拋錨了，或出了任何意外事故，後果眞不堪設想，眞是太危險、好可怕喔！

再仔細想一想，我已是五十多歲的媽媽，夜晚十點多，還獨自開車在高速公路上搏命奔馳，到底爲誰辛苦爲誰忙呢？爲名嗎？以我努力求上進的精神，那我在二十多年前就不該放棄高中教職，應可留在教育界獲得更高職位；爲利嗎？演講費也沒多少，是不可能致富的；爲生活嗎？先生、孩子都有穩定的好工作，粗茶淡飯是可供我溫飽的，大可安穩地過悠閒的日子；或是爲著一個理想？一份使命感？答案就像雨夜的車窗，一片模糊不清啊！

## 9. 肯定奔忙的價値

直到那次「清水高中」結業典禮中，請學員上台報告學習心得，分享個人的改變歷程，或努力成果；其中有位媽媽用哽咽的聲音說：

**我今天勇敢說出來，也不怕各位笑我，因爲這是我的眞心話，我還沒來上課前，是吵鬧著要跟先生離婚的，現在上過林老師一系列的課程後，我已經找到問題的根源了；原因大部分是我自己引起的，我決定不要離婚了；現在由於我的成長和改變，已**

**經漸漸修復夫妻間的感情，和挽回家庭和樂的氣氛了，林老師眞是我的貴人和大恩人，…。**

原來，許多學員溫馨動人的成長故事，才是促使我不停地開著車子跑天下，全省走透透，不斷地巡迴演講的動力吧！雖然僕僕風塵，卻是樂此不疲啊！

**憑藉四輪趴趴走　廣傳知識意義深**
**衣帶漸寬終不悔　貢獻所學回饋心**

# 八、旅遊獲益篇

## （一）兒女導遊情意深

### 1. 把握機緣親子遊

幾年前，小女兒獲得一筆獎學金，遠赴日本東京大學進修；在確知她就要回國就業了；便把握難得機會，邀請她一起去自助旅行，一來祝賀她研習學業有成，二來借重她流利的日語，方便帶領我們暢遊一番。

兒子也特別向服務的醫院，申請了休假，及時加入我們的行列。於是我們三人赴日跟小女兒會合後，親子一起出遊十多天，玩遍京都、奈良、大阪、神戶、仙台等名勝古蹟。

兩個孩子事先悄悄商量決定，旅費全部由他們兄妹負責招待。連買機票、搭車、行程、住宿等，都由他倆計畫、安排，外子和我只管吃、喝、玩、樂就行，讓我們夫妻充分享受兒女承歡之喜悅。在連續十多天的旅途中，我隨時都感覺到兒女們貼心的照顧，和熱情的招待。更深深領受到，孩子們報答親恩的溫暖情意，在享受美好的時光中，我曾找機會跟他們倆人，表達心中的謝意。我說：

**趁你們都長大到能夠帶路導遊，而爸媽身體還硬朗的時候，你們願意陪伴爸媽一起遊玩，媽媽感覺很歡喜，也很謝謝你們的孝心。**

常常在書報或雜誌上，讀到親子同遊的文章，都是寫些大人帶小孩出遊的情景；卻很少看到成年的兒女，帶領年長的父母出遊的故事。我回國後，一直難以忘懷那些同歡共樂的時刻，特別記下一些親子間互動的情趣，或感動的場面。給天下辛苦養育兒女的父母，提供些參考的話題吧！

## 2. 收集名言獲益多

日本的名寺或古蹟，常有許多高僧或高人，在牆上或立碑上，寫下許多經句、名言或題字，充滿人生哲理，頗能發人深省，我每到一處遊玩，都喜歡搜集那些勸世箴言，領會先賢的智慧，因而獲益良多。這次遊日，幸好有女兒陪伴同行，可以隨時翻譯，更讓我大有斬獲，現舉數例於後，並抒發心得感想。

在奈良的福興寺，入口的走道中，豎一石碑，上書：

**慈眼視衆生，福壽海無量。**

我想不論富貴或貧賤，衆生皆平等，不給人臉色看，不眼露兇光，而能以慈祥目光看人，就是功德無量，並能得福壽無疆的祝福。很有趣的是，多年後，我在讀藏傳佛教的「廣論」中，竟也看到這句經文，好像發現了神交多年的好友相逢的歡喜。

在往仙台「瑞巖寺」的小路旁，見一告示牌寫著：

**人在孤獨的時候，才會眞正了解自己的心。**

可見人需要獨立思考，反覆探索內心，才能認清自己。

在京都「東本願寺」參觀時，驚喜地發現一長排走廊櫥窗內，展示了日文的名言，且有作者大名，並附上對照的英、中、韓文，每一段話都很精采，我趕緊抄錄，今舉例如下：

**超越苦之路，即在於學會以苦爲用之中。**—蓬茨祖運做人要把吃苦當作吃補，接受考驗、磨練，所謂「吃得苦中苦，方爲人上人」，最後才能苦盡甘來。

**虛度一日，將會成爲虛度一生。**—金子大榮

活在當下最重要，過去只是一個回憶，未來只是一個夢想，把握今天最踏實。今日有努力，明日的成功；浪費掉今天，明天那有希望，人生就白白蹉跎虛度了。

此外，在一處洗手台旁，也貼著這樣標語：

**以怨報怨，怨無止境。**—法句經

用怨行去報復心中埋怨的事，環環相扣，怨恨何時了，唯有以德報怨，才能止怨。原諒別人就是寬待自己啊！

走出東本願寺大門後，又發現它圍牆上寫著一排斗大的日文，趕緊喊回女兒翻譯出來，那是說：

**讓我們來發現活著的意義和喜悅。**

好極了！這句話正和我的人生理念很契合，我到處努力學習，追求成長，正是爲了探索生命的眞意和喜樂啊！

這次赴日旅遊，我記錄了三本筆記簿的資料，眞是收獲滿行囊耶！

## 3. 媽媽要事擺第一

外子每次偕我赴日探親或旅遊，最關心的就是陪我買衣服，因爲日式大尺碼的婦人裝，一直很適合我穿。那天，我們從京都坐火車到大阪站，已是中午時刻了；我們走在天橋上，一眼就看到「阪急百貨公司」斗大的看板寫著：「**大號婦人裝催賣中。**」

正印證了女兒事先在台灣上網，爲我搜尋到的訊息。外子馬

上說：

**我們趕緊住進旅館，再簡單吃個飯，就先來看看媽媽要買的衣服！**

我聽了心中暗自竊喜，父子三人還眞同心，竟忘了此行是專程來大阪玩的，卻把媽媽的事擺第一；不管能不能買到合意的衣服，光是他們的美意，就叫我心窩裏感到很歡喜和溫暖了。

大夥兒到百貨公司，先約好各自去逛一逛，自己適合衣物的販賣區塊，下午四點鐘在某處再見面會合。外子卻一直陪著我看衣服、挑樣式，還幫著看我試穿結果，其中有一套很中意，就是價錢卻有點太貴，外子慫恿說：

**好啦！難得看上眼，喜歡就買下來嘛！**

我還是執意再看看其他貨色，比較一下再決定，正在挑選的時候。兒子就走過來找我們了，一看到我，馬上就問我：

**媽媽！你有沒有看到喜歡的衣服？**

我隨口說：有一件蠻不錯的，但是太貴了一點，我還要考慮一下，先看看其他的再說。

他立刻說：**媽媽！我買送給你！**

**媽媽！好啦！那件我買送給你！現在就刷我的卡。**

說著馬上掏出他的金融卡，剎那間，我感到很意外的驚喜。

我心裏想：就憑他這句話，這份心意，我養育他二十多年，都獲得回報了；雖然回收的，也許只是長期投資下的一丁點利息而已，可是那份回饋的孝心，卻是比付出的金錢，更具珍貴的價值呢！

這才是讓我歡喜和感動的主因，否則，外子和我身上也都有信用卡可付帳的。結帳時，外子得意地對售貨員說：

**這是我兒子要送給媽媽的禮物！**

那位歐巴桑型的售貨員，立刻對著兒子，舉起大姆指，笑著猛點頭稱讚，又轉頭對我說：

**您是最幸福的母親！**

想到這次來日旅遊，我們二老的旅遊費用，都是兒子出錢招待的，我們已夠歡喜滿足了，今天又加這份厚禮，眞是喜出望外，我最感欣慰的是：

**兒子已經長大了，懂得要博取父母歡心，知道要回饋父母的的恩情了。**

## 4. 天時地利談心樂

有一天，在女兒帶領下，我們一大早要去參觀位在仙台市區的「**晚翠草堂**」。早先看了旅遊手冊，知道是「**土井晚翠**」先生的故居，他就是「荒城之月」名曲的作詞者，我隨興哼著那首歌，一路上竟和孩子們勾起許多童年往事了，…。

孩子們小時候，都上過兒童音樂班，「荒城之月」曲譜很簡易動聽，所以被列入彈琴練習曲，我因陪伴他們練琴才學會的。孩子們興奮地談起，我帶他們去上課的情景。

女兒笑著說：現在想起來，我的媽媽最會哄小孩了，每次我們上完課，回家經過一家叫「文華麵包店」，一定會買個點心給我們吃，而且讓我們挑選自己愛吃的泡麩。老實說，有時偷懶不想去上課，或老師的功課還沒複習好，但想到有很好吃的點心，就又滿懷期待去了。媽媽！你一直都不知道我們的秘密喔！

我笑著說：

**對喔！媽媽是被你們給騙了，還以為你們很喜歡上課呢！**

兒子笑著辯解道：

**不是啦！是我們被你的點心騙去的啦！**

我笑著結尾說：

**這麼說，都是點心惹的禍嘍！**

說罷！母子三人相向哈哈大笑起來！

眞是因緣際會，有些藏在心裏的話，還眞是要有適當的時機背景，才能吐露出來。

這趟親子旅遊，孩子們才有機會抖出往日的秘密，雖是當笑話，說著好玩的，但也印證了我的「**紅蘿蔔法則**」—拖動石磨的驢子會一直向前走，就為了要吃到眼前的紅蘿蔔啊！

這也是我日後從事親職教育演講時，常告訴家長的名言：

**紅蘿蔔比棍子管用，鼓勵比打罵有效！**

## 5. 名人故居談故事

我們一走進「**晚翠草堂**」，一位像是堂主的後代，在門口立刻笑臉招呼我們，簽名留念後，我請女兒告訴他，我很樂意唱那首歌他寫的名歌，叫「**荒城之月**」給他聽，老先生立刻露出驚喜的笑容，我也很得意地唱完。他一再道謝，我的回饋，正是對他及其先人，表達最眞誠的敬意和謝忱吧！

房子雖然有點老舊，但是卻整理得乾淨清爽，展示了很多紀念性的圖片、書法、文稿及用品，其中有一幅毛筆字寫著：「**天地有情**」，筆風十分飄逸俐落，這也是他的第一本詩集書名。

## 6. 松樹松濤松樹人

「松島」是日本著名三大風景之一，其海域擁有兩百多個小島，其中有一處「雄島」僅以一紅色小橋和陸地相連。此迷你小島上全都種植大、小松樹；據說是古代許多高僧修行之地，我們果然看到很多石窟佛像，也有詩人題字的石碑，我們只花了一小時，就完成繞島一周了。

大家就選在松樹下的長板椅上歇息，近看或遠眺海中許多小島，時有遊艇往來穿梭，更成一幅幅動畫美景，這時陣陣松濤四面吹來，感覺身心都清涼、舒爽極了。

我嘖嘖稱讚說：

**在此優美情境中修行，不成仙、不得道還眞難呢！**

女兒馬上接口說：

**可是我媽只適合當半日神仙，因爲你一直是愛慕凡塵呀！**

剎時，兩人相看哈哈大笑起來，這丫頭反應可眞快，竟拿我的筆名「慕凡」來說笑，還眞是知母莫若女啊！

看到滿地可愛的小松果，我趕緊彎腰拾取，好帶回國當紀念品，女兒見狀也起身幫忙，於是母女就邊挑選邊聊天，我很開心地說：

難得有你會說流利日語，願意幫我們帶路，我們才有這麼好的機緣，千里迢迢的來這兒看松樹、聽松濤、撿松果、還有踩著滿地的松葉地毯耶！

## 7. 角色互換情趣多

女兒說：媽媽！我想起一首古詩還蠻符合現在的情境耶！

是那一首？快說呀！

就是「松下問童子」那首詩譜成的歌啊！

喔喔！多虧你這個金頭腦，比電腦連線還快速唷！

那是：**松下問童子，言師採藥去；只在此山中，雲深不知處。**

我倆幾乎是同時相向笑著，大聲朗頌出來的。

女兒說：**這首詩我也會吟唱喲！當年唸「北一女中」時，還學會表演「手語歌」喔！**

我馬上說：現在你還記得嗎？怎麼唱？快教教我啊！

女兒馬上吟唱起來，我跟著旋律哼著，有些音調一時抓不準，就請她重覆教，就這樣一遍又一遍地練唱，她很有耐心，不厭其煩地一句句示範，好讓我跟著學；剎那間，我像是變成呀呀學語的孩子，而她像是我的媽媽了；我深深感受到被疼愛、被耐心教導的溫馨；一種求知若渴，而獲得滿足的喜悅，不停地迴盪在心窩裏。

我永遠記得「雄島」之行，親子共享歡樂時光的情景，尤其是拜師學唱，親子角色互換的甜蜜情意。

## 8. 哲學之道在生活

日本人很重視歷史人物或事蹟，並且豎立告示牌或石碑等作紀念。例如在大阪通天閣旁一處街角，就豎立一個「**王將紀念碑**」，上面說明曾有一位棋藝高手，常常在此處打敗群雄，後來竟以下棋爲業謀生呢！

更有趣的是在京都通往「金閣寺」的小橋旁，有一條名爲「白川」的疏水道，道旁的砂石小徑，也豎一告示牌名爲「**哲學之道**」，那是因爲日本哲學家「西田幾多郎」，曾在這一帶散步、沉思創作而得名。

沿路土堤岸上又有畫家「**橋本關雪**」的夫人，種植五百株櫻花，所以春天櫻花盛開，便成有名的櫻花小徑，到了秋天又換成楓紅之路，冬天更有雪柳垂映在水面，四季景色極美，已被入選爲日本最棒的一百條道路呢！

我們到達時已快接近中午，兩個孩子和我輪流跟告示牌合照後，肚子已飢腸轆轆了，於是決定先解決民生問題再來欣賞「哲學之道」。

女兒和兒子兩人，先去對面一家超市買好便當，再回來此處用餐。我們漫步一小段路後，發現岸邊有一處，設有臨水階梯，正是最好歇息所在，於是大夥兒就坐下來了。

頭上頂著濃密櫻花樹蔭，眼看清澈潺潺流水，身受涼風吹拂下，吃飽喝足後，身心都很滿足、舒暢了。良辰美景中，大夥兒就地打起盹來，享受一場櫻花樹下的美夢。

我想生活裏的哲學之道，無非就是讓身、心、靈，都能像我們現在這樣，感到十分愉悅和滿足吧！

## 9. 貴人榻上論貴人

另有一個印象很深的「貴人榻」，那是豎立在金閣寺，靠近「不動堂」的竹屋前，是爲紀念某位皇帝來此一遊，下榻休息之處，我好奇地坐上「貴人榻」的竹椅照相，兒子立刻說：

**媽媽！那是做皇帝的貴人才能坐的耶！**

我說：**我客串一下當貴人，也滿好玩的嘛！**

大夥兒都笑了，我又笑著說：古代只有國王、大臣，或皇后、妃子才是貴人，現代的貴人可多了，你看有塑膠大王、西瓜大王、選美皇后、科技新貴一大堆。像我也是搭飛機又坐火車再轉汽車，花了很貴的旅費，才能來這兒玩的人，也應該算是貴人啦！

女兒笑著說：對！對！還是媽腦筋好、轉得快，說得很有道理耶！

## 10. 以子爲榮心底話

我接口說：**那當然嘍！否則，媽媽怎能養育出，你們這樣聰明的孩子，一個當醫生，一個是東京大學的高材生呢！**

我說罷，大夥兒都嘻嘻地笑起來。自家人藉機捧捧孩子，給他們稱讚一番，讓他們感受「**母以子貴**」的榮耀，也是皆大歡喜的好事啊！

親子結伴旅遊，在悠閒的時空裏，輕鬆的心情下，有些平時存放心底的感謝話，都可藉機吐露眞情，完全沒有突兀或尷尬的感覺；反而可使感情更加升溫熱絡，親情更加緊密融合呢！

這眞是一趟意義深厚，又歡樂無限的親子同遊啊！

**親子同玩要及時　天倫之樂值天價**
**兒女回饋孝順情　人生滿足無復加**

# （二）摘蘋果驚喜多

有一年十月下旬，精通日語的小女兒，客串當我們夫妻的導遊，親子三人去日本北東北玩了一趟。女兒在規劃赴日旅遊行程時，看到日文旅遊書中，有特別推介青森市郊摘蘋果的景點，我們好奇地安排半天，想去探個究竟。

購買車票時，女兒跟售票員交談一會兒，我們才知道，就是連在地人也很少去過那裏；請問她原因，竟說：「市區內四處都是蘋果批發商，物美又價廉，何必親自辛苦跑去摘呢？」

這正應驗了台灣的俗語：近廟欺神。

意思是說：住在廟旁的人，反而很少會去拜拜呢！

這也難怪當地的客運車，一天才來回三班次，而且坐到終點的「田茂木野」站，就只剩我們三個人。四十多分鐘的車程，沿途散見一些工廠，直到靠近山腳下才有果園出現。

## 1. 初相見就驚艷

當我在車上向外看，第一眼乍見蘋果樹時，真是驚艷不已：

哇！你看！樹上的蘋果又大又紅！

比廣告單上看的更漂亮咧！

整棵樹都掛著紅通通的蘋果，好壯觀喔！

我們歡呼般，紛紛脫口稱讚起來。

這兒就是日本蘋果的故鄉，真想不到常常吃到香甜的日本蘋果，今天才親眼看見蘋果長在樹上的風采，是那樣充滿著生趣盎然的景象，這大概是獲得一種追根探源的樂趣吧！真是滿心歡喜耶！

就像有不少人吃了一輩子豬肉，卻從沒看見過豬走路；小學生畫河中的游蝦，竟是煮熟後的橘紅色，能夠看見生命鮮活的原貌，也算是一種小確幸吧！

下車後，貼近樹旁看得更過癮，乾脆把這一帶的果園都先逛一回，又順便問了幾家，各有入園採果的規則，最後還是落腳在，最初見到的那一處果園。

## 2. 巧遇熱情園主

園主是一位已經六十八歲的歐吉桑，他本來和兒子在果園工作，遠遠看見我們走入門口，就過來親切地招呼著，滿臉皺紋又黝黑的笑容中，流露出飽經風霜洗禮的獨特美感，他跟女兒寒喧幾句後，對我們外國人能自己找上門的能耐，表示很驚訝和佩服。

我們看他入園費很公道，又決定請他做「宅急便」外送的服務，他就很熱心地，請幫他看店的孫女，切了四、五個不同品種的果肉，請我們試吃挑選；他知道我們要送給住在東京的大姊夫一家人，就說：

那就選「世界一」的品種最適合了，東京人最愛紅嘟嘟又大粒的種類，我們常送貨去那兒展覽，最清楚不過了。

我們另外又指定要比較香甜的「北斗」及「陸奧」兩品種，外子一見「北斗」兩字就湧現「他鄉遇故知」的舊情，立刻告訴園主說：

**北斗是我們的家鄉，我倆就是讀「北斗高中」畢業的校友。**

老先生聽了，一臉茫然不解的樣子，女兒趕緊跟他解釋一番，他馬上笑著說：

**我原來只知道天上有北斗七星，今天才知道人間也有北斗人，專程從台灣跑來日本買北斗蘋果喔！**

老先生風趣的話語，逗得大家都哈哈大笑起來。

本來園主請我們自己去參觀果園，他會把倉庫的現貨拿來裝箱宅配就好，但我們擔心他拿的不是最新鮮的，就失掉「限時專送」的美意了，於是我請女兒婉轉地對他說：

很不好意思，我媽媽很想親眼看看，要現摘送給親戚的禮物，長在樹上是多麼的漂亮，可以嗎？

老伯聽了，立刻笑著說：那好啊！你們跟我去果園現場摘取，我招待你們，不收入園費了。

僅僅幾句好聽的話，就讓我們輕易地賺到兩全其美的願望了。

## 3. 拜倒蘋果裙下

我們一鑽進蘋果樹林裏，渾身就被蘋果包圍起來了，眼前看的、身後碰的、頭上頂的、腳邊靠的，通通是活生生、粉嫩嫩、紅艷艷的蘋果，伸手撫握，還眞是大得一手無法掌握耶！

一時捨不得把它摘離枝頭，乾脆請它當模特兒，陪我們擺出各種可愛、逗趣的姿態。你看！拉起一長串掛胸前當項練的；抓兩顆貼住兩頰扮蘋果臉的；圍在腰際當皮帶的；張大口想一親芳澤的饞相的，…。

我還乘興爬上粗壯的樹幹上，或躺在低垂的枝葉下，猛拍特寫鏡頭呢！那時候，簡直忘了我是誰？早就變身成游走的蘋果人啦！園裏嘻笑之聲，不絕於耳，連園主也當上配角，笑瞇瞇地配合我們拍照演出，蘋果若是有情，也會跟我們一起歡樂吧！

老伯先教我們如何選取成熟的果粒，怎樣摘下才不傷果身及蒂頭；起初我們會逐一請他過目才敢下手，接著就領悟出竅門了。你先選定一個標的物，伸出手掌握住它，反向折斷蒂枝，立刻「噗！」地一聲，沉甸甸的果實就馬上掌握在手中了。

那是一種收穫、一份滿足、更是一股成就感！我們一共摘了四大籃子，外子還權充裝蘋果推車的推手，滿載而歸的笑容，全掛在大夥兒的臉上，那豐收的欣喜，更深深地迴盪在心窩裏，久久不散呢！

## 4. 把握機會教育

我們在店裏，幫忙老伯把四十多個頂級蘋果，套上網袋、裝箱、打包時，透過女兒現場口譯，竟也跟老伯聊得很開心。我看店內牆上貼著「笑賣繁盛」的標語，請問他含意，園主笑著說：

**顧客是上帝送來的禮物，當然要笑臉接待，生意才會好啊！**

我接口說：印證你對我們熱情的招待，就知道你是說到做到的實踐家喔！

老伯聽後笑著說：「不好意思，我還做的不夠好，還請多多指教。」說罷，他站起來，從抽屜裏掏出三個墊板送我們，是跟A4紙張般大小，上面印著跟蘋果相關的文字和圖案，正面標題寫著：**「每天歡喜吃蘋果，朝氣蓬勃真快活。」**

下面有兩排共十二種蘋果的圖形和顏色圖案，並註明各種蘋果的收穫期，及顏色、酸甜度、適合吃法等摘要；背面更是以漫畫手法，畫出蘋果由一月份修枝期到十一月份收穫期，其間要按時段從事施肥、除草、噴藥、授粉、蔬果、套袋等共十個栽培步驟。

這些繁雜的栽種過程，讓我這個遊客，讀後都會興起**「始知園中果，粒粒皆辛苦」**的感動，也更加敬佩農人吃苦耐勞的精神。

整張傳單製作精美、圖文並茂，充滿知識性及教育性，而且做成兼具寫字、搧風或熱湯盤墊等實用物品，更具有保存價值。這些創意的做法，很值得我們台灣的務農人員，多多學習和參考的。

## 5. 聽假話也高興

我們在老伯的果園裏盤桓了近三個小時，爲了感謝園主充滿人情味的款待，我們又多加買下一籃滿滿的蘋果，打算旅途中天天啃個歡喜，好好享受這份，特別加了人情味的戰利品。臨別時再三向老伯表示敬意和謝忱。

老伯卻一直說：這是我的榮幸和本份。

還再三稱讚女兒說的日語很優雅，女兒也回報說：

**你的孫女長得很漂亮喔！**

老伯竟然說：**即使你說的是假話，我聽了也很高興啦！**

逗得大家都爆笑不已。我們就在笑聲中互道珍重再見了。

回程途中，我好奇地跟女兒說：

老伯剛才說的那句客套話，還滿有生活哲理的。

女兒回說：那句話，是日本人常說的諺語，爲討好對方的客氣話，聽起來還蠻幽默、風趣的喔！

我回應說：對呀！這句應酬話，對人際關係很有幫助耶；以後有機會，我也要拿來應用；今天又學到這個妙招，眞歡喜呢！

## 6. 親子遊情趣多

女兒還笑著說：我真的很驚訝，爸媽以前從沒看過蘋果樹啊！看你們玩得那樣開心的樣子，今天專程跑來這一趟，真是太值得了。

我接口說：對呀！這世界上有很多美好的事，都是要把握機緣，才能達成願望的。像今天的行程，全是託你的福氣，才能找到這麼好的果園，你會講日語、能帶路，還願意陪伴我們來，我們才能享受快樂的旅程，真謝謝你啊！

我建議各位銀髮族伙伴，養兒不必只等著要防老；應該趁著自己行動方便時，而孩子又已長大成人，趕緊請她們當導遊，帶你四處趴趴走，好好遊玩一番；及時享受兒女反哺之情，和回饋之樂啊！

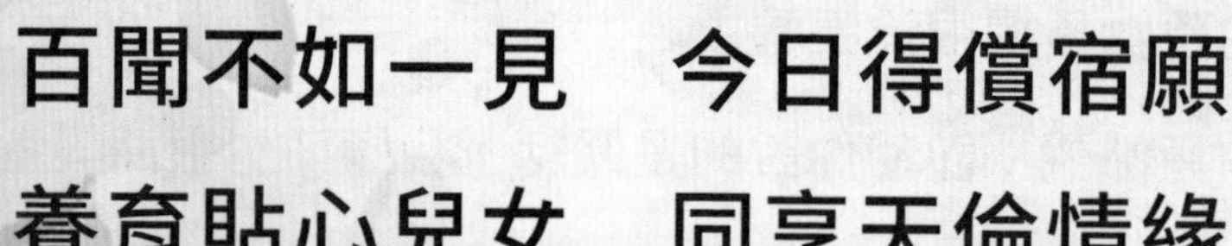

# （三）及時哲學

有一年十月底，精通日語的小女兒，帶領我們夫妻赴日遊玩，作一趟北東北的賞楓自助旅行。

## 1. 飽享兩福

我們曾夜宿十和田湖的「魚師的家」民宿，飽享晚、早兩頓全是魚類做的料理，有烤的、燻的、醃的、炸的、煮湯的、生魚片等，每道都很精緻又鮮美，眞是物超所値，主人送菜來時，女兒還跟他說：

**眞是太美味了，你看連整鍋子的飯，都吃得精光了！**

賓主聽了，都相視大笑了！

我們在餐廳牆壁上，看見掛著一張捕魚師傅的證照，上面貼的正是這家民宿老闆的照片，透過女兒的翻譯，我們才知道，在當地想在十和田湖捕魚，必須先考取合格的執照。原來我們吃的，就是漁師夫婦自捕自煮的，在湖中出產的魚類大餐呢！就像台灣很多風景區附近，常有養雞人家在路旁豎立招牌，上面寫著斗大的廣告語：「**肥美土雞，自殺自賣**」一樣啦！

漁師還親切說明，我們所吃的「公主鱒魚」，它是怎樣從外地移殖到十和田湖的傳奇故事，讓我們既飽口福，又享耳福，眞是快樂又幸福！

## 2. 忙裏偷閒

這種家庭式經營的民宿，主人待客很親切，環境整潔清爽，房間佈置幽雅，大小剛好適用，收費也很合理，讓我們有賓至如歸的感覺。

女兒每次跟漁師夫婦見面時，就會交談一會兒，彼此聊得很開心。次日清晨我們吃早餐時，我看到漁師一家人吃過飯後，正坐在廚房高腳椅上聊天。

於是，我跟女兒說：**等我們吃完飯，就請他們一齊跟我們合照，好不好？**

女兒卻說：好啊！不過，最好等我們收拾好行李，離開前再拍吧！

我說：**趁他們現在有空閒，就請他們來拍照比較好啦！**

結果他們三人很高興地擺美姿，笑嘻嘻地跟我們在屋前招牌下，合拍了好幾張，我還跟他們說：

我回國後，要秀給親友看，請他們來享受你們熱情的招待。

女主人聽了，興奮地說：

**謝謝！不過，最好能介紹像你女兒日語流利的人來喔！**

誠懇中還不忘再一次稱讚女兒呢！

## 3. 見縫插針

果然被我料中，稍後我們要告辭，跟他們說再見時，三個人都在廚房忙著殺魚、切菜等工作。於是，我跟女兒說：

**這就是及時把握的重要，凡事必須跟別人合作完成時，一定要抓住對方適當時機，見縫插針，現在能做的事絕不拖延到下一刻。千萬不可等你自己方便或有時間才要做，到那時候，很可能因時空的改變，對方就難以配合了。**

就像請漁師夫妻拍合照的事，你看見他們正在休息時，請他們配合，只是麻煩他們舉腳之勞而已；要是錯過了好時機，等他們稍後開始工作時，你才拜託他們卸下工作服來拍照，一來可能會被婉拒，而無法達成願望；二來可能耽擱人家手上進行的工作，造成他們的不便或困擾，那就太失禮了。

## 4. 異曲同工

此外，又有一件異曲同工的妙事。那就是在遊「奧入瀨溪」時，因互相聽到對方說台語，而認識了程先生，於是就結伴同行，他們一票有四人；我們沿途彼此相談甚歡，他知道我們傍晚要住青森市，就熱心推介一家旅館，「衛生、安全又便宜」是他們夫婦多次留宿的理由。

稍後我趁著中午，我們歇息吃午餐時，我跟女兒說：

**現在大家坐下來方便寫字，你趕快請程先生寫下那家旅館的地址、電話。**

女兒因有昨天親身的體驗，就立刻遞出紙筆，程先生在寫時，他太太還說：

**我們今晚也要住那兒，你們只要跟著我們走就行了嘛！**

言下之意是不須多此一舉。

「奧入瀨溪」沿途步道，楓紅層層，樹蔭連綿；流水潺潺，水清見石；多樣瀑布，懸崖瀉下，如此多種美景，眞是令人目不暇給，難怪它會入選日本一百名內優良景點。我們走了近九公里，到達「石戶」休息站後，就等待著搭客運車到青森市了。

## 5. 弄巧成拙

在等候三點多的班車時，看見車站擠滿了乘客，程先生就提議：「**先提早坐車到前一站，再搭車坐回頭，比較可能有空位。**」

可是，我們嫌麻煩就沒有跟從。

結果當我們上車時，卻遍尋不見他們的人影，程先生曾跟我們說過：「搭乘這班車，正好可以趕在日落前，欣賞途中的「八甲田」地段，像燒山一樣紅通通的楓林美景。」這下子，就只能由我們代替他們多看幾眼了。

這條山間的路段，客車的班次要隔很久才有一班，所以，一路上我們一直掛念著，他們不知要等到何時才能到達。所幸，我們中午及時問好了旅館名址，當晚我們才能順利前往投宿。

後來程先生一行人深夜趕到時，我們才知道，原來上一站因車子客滿而過站不停，他們反而沒能搭上車，眞是弄巧成拙；而我們坐的那一站是比較大站，就有很多人下車，才有空位可搭上車。搶先一步並不一定就是贏家，這又是旅程中體驗到的一份心得。

## 6. 分秒必爭

今天又再一次驗證了「及時」的重要。我當時在路上就想，我們跟程先生他們只是萍水相逢的旅伴，彼此都沒有對方任何聯絡資料，就是有台灣帶去的手機，在日本也派不上用場的；而路途中遊客也很多，所以我怕萬一彼此走遠了或被沖散了，豈不錯失了跟他們住同一旅館的好機會了。

所以當雙方坐下來吃午餐的片刻，我就及時請他寫下旅館名址，雖然他太太頗不以爲然，但我仍認爲這樣做比較安心。誰也沒料想到，竟在下一刻彼此眞的意外分散了。

## 7. 見多識廣

女兒事後佩服地說：**媽媽，你眞是料事如神耶！怎麼每次都**

**被你說中了。**

我說：「媽媽可不是瞎猜的，記得你在唸國中時，有一年母親節，你寫給我的賀卡上，寫著的兩句話嗎？」我故意賣個關子。

「是那兩句呢？我早就忘記啦！媽，請你再說一次嘛！」女兒好奇地急著想知道。

我笑著說：**白髮是歲月的冠冕，皺紋是智慧的勳章！**

女兒誇讚道：媽媽你記性怎麼這麼好啊！

我說：這也沒什麼啦！媽媽只是親身體驗到它的眞義。我們這趟旅行，剛好給你兩次實地見習「及時哲學」的機會囉！

女兒立刻接口說：

**是啊！媽媽說的很對，媽媽你很像是「鐵口神算」耶！**

母女又相視大笑起來了！

**行萬里路　勝讀萬卷書**

**身體力行　獲益超快速**

# （四）浮生偷得半日閒

有一次，我遠赴嘉義市的「世賢國小」演講後，就順便去拜訪外子住嘉義的好友，黃先生夫婦倆人熱情力邀我們，去參訪他熟識的一家農場。大約四十分鐘的車程，就到達梅山鄉半天村的景點。

我們從小徑進入，只見兩旁花木扶疏，我隨口叫出它的名字，這是金露花、山蘇，那是木芙蓉、雪茄花、麻葉海棠，...。朋友夫人說她們來過好幾次，都還不知道花名。

而我一向抱著好奇心，喜歡去探索新鮮事物，尤其是花草、樹木，每次看到舊識的，就像看見老朋友，趕緊叫一下它名字，跟它打招呼、問候一下，也多欣賞它幾眼；要是見到新的花木，則像認識新朋友一樣，想多瞭解它，一定要打聽芳名或認識它的生態等。

## 1. 佳言深藏山居中

主人招呼我們圍坐在有半個遮陽棚的陽台上，涼爽山風迎面陣陣輕拂，暑意頓時全部消散，尤其觀賞晴空中多變的彩雲，那一望無際的視野，眞令人暫時忘卻山腳下，擾攘的萬丈紅塵了。主人說，每逢大晴天，還可清楚遠眺台灣海峽；黃昏日落前，更可欣賞那又紅又大的火球呢！

不久，主人進屋內，忙著現磨咖啡，夫人則開始做鬆餅，準備招待大家。我好奇地進大廳參觀一下，赫然發現他們還收藏不少古早農具，還有奇石、怪木等自然古董。我發現牆上懸掛幾幅字畫，例如：**「和氣春風賢者坐，靜山流水聖人懷。」**

頗符合他隱居山林的寓意。另有：

**聖人不經憂患則德慧不成，草木不經霜雪則生意不固。**

其中因聖人的「聖」寫得很潦草，我一時看不懂，請教主人，才知是草書寫法。另一行字是：**「萬人如海一身藏。」**

他親切解釋，就是在茫茫人海中，你要深藏不露，別愛出風頭，生活才會比較自在。

黃先生曾透露說，主人家曾是電視演員，也擔任過公職。現在他看開世態冷暖後，歸隱山居，沉潛山林，正合他自己的心意吧！

## 2. 良辰美景談諺語

在陽台上，主人陪大家開講時，談到山下的產業道路尚未拓寬，導致大型遊覽車無法進出，來訪的遊客不多；因政府三方面的主管機關，都互相踢皮球，他感慨地說了一句：**「相推駛死牛。」**

我說這句台灣諺語很傳神，我盛讚他的博學多聞，他頷首笑了，我也回饋一句：**「最(多)牛踏無糞。」**兩者意思很接近，就是各方推拖不肯負責，就做不成事情了。

主人又說，這裡因位在山崗上，空氣很清新，又不受浮塵污染，晚上常見滿天星星亮晶晶，月亮更是又大又清亮呢！

我請教他說，有句諺語：**「含慢查某，沒看初三月。」**

他馬上解釋說：的確，每個月初，月亮起落得早，在晚上七、八點就往西邊沉落了，動作慢的婦人，忙完晚間家事後，再到庭院賞月時，早就看不到了。

他對我也懂一些台灣俗語，曾頻頻誇獎我，我說台灣俗語有很多說法，十分寫實又貼切，是很珍貴的文化資產。

## 3. 兩處結合文化財

我又說前些日我去苗栗縣「竹南國小」演講，陳校長送我一本他的著作，書名叫「閩客一家親」，也是在蒐集台灣早期諺語。他馬上接口說：「你對這方面有興趣的話，在離我這兒不遠處，有一位漢學專家，專門收集很多台灣古早俗語，下次若有機會，我帶你去認識他。」我很感謝他的美意。

我倒是想著，將來可透過我倆的牽線，能把陳校長和那位專家研究的成果結合起來，合出一本「寶島諺語經典錄」那才夠精彩呢！這對保存本土文化，就更能相得益彰了。

## 4. 相約他日閤再來

傍晚時分告辭時，果然看見火紅的落日美景，還有山腳下閃亮的的萬家燈火，都是人間難得幾回見的奇遇。主人夫婦殷殷送客，又熱情邀請我們他日再來。

這眞是一趟知性、理性又感性的聚會，我又見識了很多新鮮的人、事、物等。古人常說：「**行萬里路，勝讀萬卷書。**」就是鼓勵人們，要多外出見識世面，就像我們這次託好友帶路，及時把握良機，才能飽享美景、美食和美言，讓身、心、靈都獲得一趟喜悅的洗禮。

## 5. 私房景點熟人知

還有！台灣俗語又說：「**吃好鬥相報。**」意思是說：「好東西要跟好朋友分享。」因此，我樂意提供下面建議：

假如你有親戚、好友、舊同事或老同學等，他們住在山邊、水涯或任何你沒去過的地方，不論是國內或國外，繁華都市或窮鄉僻壤；那麼，請趕快安排去他那裡玩一趟，請熟人帶你到許多私房景點，只有他們才知道的，很特別的人、事、地等。你都會有驚喜的發現，和滿滿的收穫，讓你歡喜樂無比！

我再舉一個實例，證明我所言不虛吧！

在幾年前，我因建議好友包德慈大姊，在新北市的「瑞芳國小」設立一個「清寒優秀獎學金」，因而認識當時的鄭福妹校長。

有一次，我們去學校討論頒獎事宜後，校長就盛情邀請我們倆位貴賓，由她親自開車，一起到東北角玩一趟。她帶我們去很多私房景點，像全省惟一在校門口，設有衛兵站崗的「濂洞國小」—是兩位阿兵哥持槍相向，守護在校門口的雕像啦！

我們又巧遇巡視校園的柯校長，他很熱心地爲我們介紹，小校小班的鄉土教學特點，也推介了幾處名勝古蹟，這更是多賺到的小確幸啦！

行程中，鄭校長還分享許多當地歷史典故，和九份礦坑的逸聞軼事。因她曾在附近幾個學校服務過，所以很熟悉那裏的人文、風土特色啦！眞是很感謝她的熱情導覽了。

我印象很深刻的一件事，就是民國99年「台北縣」升格改制爲直轄市，並更名爲「新北市」，縣府的慶祝活動中，特別開放該市著名的五處景點，一整年都可免費參觀。

鄭校長當時是擔任學校九年一貫課程中「新北市社會學習領域召集人」，爲了向學生和家長宣導，她應用熟悉的傳統「五行」聯想法，讓大家更易記住景點，就編了美妙口訣：

**金是：九份的「黃金博物館」—展示獨有大金塊；**

木是：板橋的「林家花園」—種植特別樹木花草；

水是：淡水的「紅毛城」—位在淡水河邊不遠處；

火是：鶯歌的「陶瓷博物館」—須用火燒製陶瓷；

土是：八里的「十三行博物館」—古物出自土裏。

你看看！有熟人帶路，就能格外獲得，許多珍貴的知識、見識和樂事耶！眞是開心得不得了。親愛的讀者，請把握好機會，你也快去玩玩看吧！

巧遇貴人樂帶領　得識高人藏民間
相談交流增廣聞　把握機緣遊大千

# （五）媽媽單人遊

西元兩千年一月一日，我參加了「時報旅遊」舉辦的「二千年太麻里迎曙光」活動。最初，邀請外子同行做伴，他卻說：

**家裏好吃、好睡的不待，何苦跑到海邊去遊蕩？**

遊說不成，我轉向多位全職媽媽力邀，卻都推辭說：

**不行耶！家裡老的、小的都要照顧，走不開啦！**

我想了又想，二十一世紀第一天的日出景象，就只有這麼一次，確是千載難逢的好機會；一旦錯過了，下個世紀的第一個旭日，我也沒時間等待了；於是，我下定決心，就自己一個人去！

就在元旦前一天，下午二點四十分，參加成員在台北火車站集合，上了專車後，沿途欣賞窗戶外面，不斷變換的風景，綠野平疇，近樹遠山，有如一幅幅秀麗的畫作，眞是令人賞心悅目，心曠神怡，…。

車上也指派有年輕的隨車志工，主持帶動唱等節目，也邀請大家參加表演；快到台東前，我唱了一首「火車快飛」你聽：

**火車快飛**　作詞：公版　作曲：公版

*火車快飛，火車快飛；穿過高山，越過小溪，*

*一天要走幾百里；快到太麻里，快到太麻里，*

*大家看見真歡喜！*

我把「不知」改成「一天」，「家裏」換成應景的「太麻里」，「媽媽」變成「大家」，唱出共同的心聲，博得全車鼓掌叫好呢！就這樣，一路上說說、唱唱、笑笑…，眞是熱鬧有趣，晚上八點多，就抵達台東縣的太麻里了。

大夥兒都被安置在，海邊的沙灘上睡帳篷，人多膽就壯，這是很新奇的體驗。不過，因爲有很多個演藝團體，通宵接力演出歌舞、雜耍等節目，大夥兒看得盡興，都捨不得鑽進睡袋去休息呢！

更何況，捨不得撇下這樣珍貴的奇景。你看看：

**數百個藍色營帳，數千頃翻滾銀浪，相望成趣；**

**月光對著燈光，交相輝映；**

**濤聲陪著歌聲，迴盪不停；**

**笑容伴著笑聲，歡喜交集！**

這份絕配的良辰美景，人間難得幾回有呢！

還有！還有：

**來回逛遍土產街，芭樂釋迦味特別；**

**粟粿金針隨你買，純樸笑臉更親切；**

**人潮錢潮交易熱，商家買家笑呵呵。**

我玩得開心，隨口來個打油詩：

**愛走，愛坐，好自在；愛吃，愛喝，隨你買。**

**愛笑，愛看，隨你來；愛玩，愛逛，我主宰。**

**沒有牽絆，不必招呼；東遛西逛，自由自在。**

**不必配合他人的步伐，不需在意旁人的看法。**

從天色稍現曚曨，一直到大清早，大家守候等待的第一道曙光，卻一直跟我們玩起捉迷藏來。

當它露出撥雲見日的跡象時，大夥就齊聲歡呼起來！

當它又被飄來的雲朵遮擋時，大家又紛紛唉聲嘆氣了！

我從沒看過數百個人頭鑽動的群衆，一塊兒守候在海灘，臉龐專注地朝同一個方向，心中懷抱著同一份渴望，痴痴地等待、凝神地眺望，…；那是一幅多麼壯觀，又萬分令人感動的場景啊！

**我有幸融入這場盛會，體驗既是參與者，又是抽離現場的旁觀者；感覺生命就該花費在，像我們此時此刻，及時享受珍貴時光的小確幸耶！**

我們雖然未能親眼看到，旭日瞬間蹦出海平面的壯麗景象；但卻能欣賞到衆生歡聚，等待曙光的可愛臉譜。直到早上八點多，我們要回程時，在等候火車的月台上，太陽公公才匆匆趕來露臉，向我們殷殷致意道別。

我們經由北迴鐵路返回，沿途風光美不勝收，又再大飽眼福一番。在下午兩點多就回到台北了；前後僅僅約二十四小時，我就一個人自由看、隨意聽、歡喜吃、開心玩，…；還環遊繞了寶島一周，這是多麼豐富的旅程啊！

回到了家中，一切都安好如常；只見外子，跟我出門時一樣，還是坐在電視機前；他一見到我回來，立刻關心地問：好不好玩啊？

我開心地笑著說：**超好玩的，自己走，好自在喔！**

**媽媽走出去　勇敢莫猶疑**
**家擔暫放下　快樂做自己**

# （六）豐收的輕旅行

## 1. 同窗情深意更濃

我在今年過年時，打電話問候中，得知我們國中同學陳泰長，身體微恙開刀後，正在休養復健中，就很想去探望他。忙完熱鬧的年節後。我在一天內就以電話聯絡，邀請了住台北的另三位同學，敲定好日期，就要一起去他南投的家中拜訪他。感謝老同學的好感情，我一呼三應，大家都撇下自己原先安排好的要事，有志一同地專程前往慰問。

於是，我請女兒上網看「國光號」由台北直達南投的班次、時刻、票價等，她把去、回的適當班次都列出一張表，方便供我選擇。

我選定適當的時段後，那天午飯後，捨不得午睡，就冒著下大雨的天氣，趕緊跑去「國光客運台北轉運站」，買好了三張三月十日來回車票，及我自己一張單程的；這樣，比去我家附近超商購買，可省了七十元的手續費。他們都很感謝我這個「省長」，反正坐公車免費又可看風景，尤其是我們不再賺錢的銀髮族，能省則省嘛！

十號當天一大早，原是八點十分出發的車，大家竟都在七點半左右，全都到達車站集合了。一見面彼此都開心地互相擁抱起來，喜相逢的歡樂，全寫在笑臉上；每個人都提著大包、小包的東西，有準備去探病的禮物、有要在路上一起吃、喝的東西，好像是小學生要去遠足，那樣興奮耶！昨晚黃惠津還高興得睡不著覺呢！施善慶更是在半夜就醒過來了。

而很難得的是蔡忠佑同學的夫人王素霞女士，因蔡當天有任務在身，就由蔡大嫂代表前往，蔡大嫂曾隨夫婿參加過我們幾次的同學會，由於她很隨和、開朗的個性，很快就和我們混熟、融合在一塊兒了。

我常半開玩笑對她說：**你比我們班的同學，還更像是同學耶！**

事前我又聯絡住中部的張喜代和鄭芳美同學，並約好當天在陳同學家會合的時間。

## 2. 多一次的同學會

陳同學是我們召開「溪中第一屆同學會」催生的大功臣，我們已通過尊稱他是永遠的「榮譽會長」。我事先有跟陳同學講好，為了不便占用他太多休息的時間，我們要吃過午飯後，才去他家坐一坐、聊聊天就好。

果然約一點半時，大家都齊聚一堂了；五位同學再加上蔡大嫂，和一位師丈，歡聚在客廳。首先，大夥兒先聆聽陳同學說明病況，和復健進展的良好情況，大家都稱讚他氣色和活力都很好，也給予很多鼓勵和建議。

接著就談起往日在校的許多趣事、糗事和歡樂事等，引來一波波的歡聲笑浪。主人夫婦殷殷招呼喝茶和吃點心，賓主盡歡。有人說：今天我們好像多開了一次小型的同學會耶！

又有人打趣地說：**是托陳會長的福氣，大家才能相聚，真是賺到了！**

陳同學則感謝地說：**是你們發揮同學的友愛，情深義重的關懷，才會專程來看我的啦！**

從前我們讀書的保守年代，可是男女授受不親的，雖是男女合班，幾乎是互不講話的；如今大家都變老了，就很珍惜彼此像兄弟、姊妹般的情誼，有人說：

**我們今天大家講話的總和，比當時同學三年間講的還多很多耶！**

我也分享快樂老人要擁有五老：老身「有健康身體」、老本「有生活本錢」、老屋「有自己住處」、老趣「有興趣嗜好」、老伴「有好友做伴」，像我們老同學就是最麻吉的老伴啦！

大夥兒都很贊同，有人還說：對！對！說的很有道理，我們今天相聚就是最好老伴聚會啊！

**同學間真摯又深厚的情誼，在交輝的眼眸，相向的笑臉，和陣陣的笑聲中，都交融、溫暖又快慰地，久久迴盪在胸懷了！**

談笑到快三點半，才依依不捨地互道珍重再見。陳會長還請大嫂當天一大早，就去購買南投意麵名產，每人贈送一大袋，真是太厚禮啦！

## 3. 熱情招待好感動

我們四人說好要順便去附近正在展出的，南投縣慶祝元宵節的燈會參觀，陳會長就拜託一位好友王先生，開車帶我們前往會場。先看了別緻的國際沙雕展，作品融入很多本土傳統故事的元素，很有特色；這跟我在貢寮看過的「福隆國際沙雕展」，風格、趣味，迥然大異其趣，別有一番風貌。接著又觀賞了漂亮的花燈展覽。

傍晚時分，要回程時，因中午我們在他家中聊天時，有人隨口說：**午餐沒吃到聞名的南投意麵，好可惜喔！**

沒想到陳同學卻悄悄記在心裡，竟安排請王先生，看完展覽後，就直接載我們到當地一家意麵名店享用，他自己早已等候在那裏，接待要請吃晚餐了。讓陳會長這樣勞累奔波又破費，我們都很心疼不捨，大家推辭不肯走進門，不要讓他請客，又叨念他怎麼這樣多禮，正尷尬地僵在門口，進退兩難時，我笑著說：

**好啦！好啦！ 既然「生粉已煮成熟麵」了—套用「生米已煮成熟飯」，我們就恭敬不如從命啦！**

大夥兒一聽，立刻爆笑出來，紛紛走進店裡圍聚一桌，大快朵頤地，歡喜品嘗，享受超級美食了。

飯後，王先生又來接我們到車站，還準備飲料供我們在回程車上享用，眞是太感謝他的溫馨接送情了。我們都一再向他道謝，並邀請他來台北參加我們下一次的同學會。

## 4. 姊妹情深話當年

送別她們三人坐車回台北，我自己另安排去台中妹妹家遊玩。我這個大妹，她也是念「溪州初中」畢業的，算是我的學妹。

有一天傍晚，我倆在她家附近的「生態公園」散步時，談起往日母校生活點滴，她提起一件事，讓我感到意外。

她說：二姊，我跟你說喔！記得我讀初一時，導師是鳳朝鳴老師，剛開學時他對同學都不認識，他一看到我的名字時，就問我：**林瓊鸞，你是不是林瓊姿的妹妹？**

我回答：**是啊！她是我二姊。**

鳳老師就說：那我指定你當班長好了，你姊姊是好學生，你一定也很優秀的。

我很詫異地笑說：眞有這回事啊?

她正經地笑著說：

**眞的啦！我沒騙你啦！我當時是托你的福，才平白撈到一個班長的官位啦！二姊！你那時一定很傑出，老師才對你有深刻的好印象啦！**

剎時，兩人相向哈哈大笑，好久都停不下來！兩位七十多歲的姊妹，在燦爛的夕陽下，回憶起青春年少的好時光，竟開心的不得了呢！頗能領會古詩中「白頭宮女話玄宗」的樂趣呢！

## 5. 同遊觀光兩歡喜

大清早，我倆就去「大坑九號步道」郊遊，沿路看了許多攤販賣各種東西，有吃喝的、穿戴的、日用品、青草藥等，大妹趕忙去買兩條現煮熱騰騰的玉米，我們就邊啃、邊走、邊看貨品。來到一攤賣家，他用短竹竿掛起幾串紅通通的穗果，看那葉子很像雞冠花，妹妹就說：**二姊，你看！雞冠花的結穗果實，也有長成這種長長形狀的耶！**

我接口說：**對啊！好特別喔！怎麼跟我們小時候看的完全不一樣！**

說時遲那時快，老闆笑著朝我們說：**那不是雞冠花啦！那是叫紅藜麥啦！是現在最夯的抗癌、養生食物啦！**

剎時，我倆竟相向大笑起來了，眞是少見多怪啦！

## 6. 街頭藝人多支持

我們走在攤販步道上，就聽到有人吹薩克斯風的音樂，原來是在一處木板搭起的高台上，立旗上寫著「電X薩克斯風樂團」也算是「街頭藝人」吧！我們就在周邊的長條椅上，坐下來聆賞，有港都夜雨、燒肉粽等老歌，也有不少流行歌。一對男女輪流演奏；這種走入民衆的音樂會，讓遊客都聽得好開心。在入口處有擺個「讚賞箱」，旁邊有字條寫著：**給賞金就贈送CD一張。**

這是很好的促銷作品，和推廣音樂的妙計；我週六、周日各給一次賞錢，並拿取了兩張CD，準備兩週後，要去「屏東教育大學附設實驗國民小學」演講時，當「有獎徵答」的獎品，以推廣家庭的音樂教育。

當時坐我隔壁的一位太太跟我聊天時，曾說：

**我們婦人家，就是要時常出來走一走，看看外面的社會、世界，心胸就會開朗起來，不要老是悶在家裏做家事；也要常去聽人家「師父」講道理，才能看清世間人情、義理，…。**

我很幸運巧遇到，這位資深的生活家。

## 7. 隨處都可當教室

當天午餐我們就到附近的一家叫「東X棧」甕缸雞享用，兩姊妹合吃一隻烤雞，眞是澎派又滿足。笑談中，也聯想起小時候在老家，有一次，年老的阿姨來我家作客，大夥兒跟她圍桌吃飯時，大姊還輕聲提醒我們這些小妹們說：「**魚要量量吃！一小口夾來吃。**」意思是說有客人在，不可大塊夾去吃，怕吃光光，桌面就不好看，很失禮啦！

今天我倆能隨興、盡情大塊啃一隻雞，眞是大大的滿足耶！我們又談起小時候，在家中後院養雞，和追著抓雞要來宰殺的趣事，也回憶起我們萬能的媽媽，她還會當獸醫，常給小火雞開刀刮除脖子上的腫瘤，再擦藥和縫合傷口呢！

我搶著去結帳時，在櫃檯看到一個「捐錢桶」，說明是爲墨西哥地震救災的，我投下了找回的零錢；突又看見桌上有一個三角錐立牌寫著：「**我們今天所擁有的，都是別人的付出。**」，眞是好震撼人心的話語喔！我回到坐位上，立刻跟妹妹分享這個名言警句的重大意義。

我說：譬如，我們今天不必親自養雞、殺雞和烤雞，就有熱騰騰的雞肉呈現在餐桌上，那是很多人很辛苦的工作的付出，我們今天才能享受他們提供的美食；眞是很感謝她們的貢獻了。

妹妹也說：眞的耶！我們在日常生活，不必親自種田就有米飯吃，不用織布就有衣可穿，許多生活上的便利或享受，都是要靠別人辛苦工作的成果；所以我們要時常懷著感恩的心，對待社會衆生的貢獻。

我接口說：說實在的，我們自己也需要想一想，我們能爲這個社會貢獻些什麼呢？才不會變成三等國民耶！

妹妹笑問：**什麼叫「三等國民」啊？**

我說：**就是像我們退休的銀髮族，每天沒事做，只會等吃、等睡和等死嘛！多可惜耶！**

說完，兩人相視笑起來啦！

吃這頓飯，竟能看到這句話，而領悟到這麼多處世道理，它的附加價值實在太大了，這也應證了我演講常說的「處處是教室」的名言，外出或旅遊，就是能隨緣學習很多東西，我倆都感到很歡喜！

## 8. 親情溫暖無價寶

回程在東山路，我們又停下來，排隊買有名的「X芋仔芋圓冰」，排除等候時，又聊起小時候，小販賣冰的往事。

妹妹說：二姊，還記得以前在成功老家，有一回，你在賣冰小販「萬印」先生他提供的，那個飛快轉動的輪盤上，竟幸運砸中了最大份量的「天霸王」那一小格，還叫我跑回家拿「大碗公」來盛裝，滿得上頭頂端都尖起高高耶！你的好運氣，那一次讓我們全家人，都吃得好歡喜、好滿足耶！

跟姊妹聚在一起，就是能觸景生情，隨時、隨地回味童年往事，共享歡樂情趣耶！

聊天中，我們談到姊妹、兄弟間的相處方法：過去若有任何恩怨、誤會等過節，都應該盡早設法找機會化解；他對不起你的，你要原諒他；你欠他一個道歉，你要及早跟他說「對不起」；親友間往來，都是會有恩恩怨怨的事，但是要過了就算了，不要再一直記恨，這樣讓對方好過！更可放過自己耶！

妹妹也引用台灣俗語說：「**好的放心頭，壞的放水流。**」畢竟，手足、親友間是沒有隔夜仇的，我也分享兩句古人的名言：**毋以嫌隙疏至親，毋以新怨忘舊恩。**

## 9. 探訪親友樂趣多

說實在的，我到妹妹家度假，主要是要放空自己，讓緊繃的身心放鬆幾天，尤其是因爲最近趕著出書，想離開盯著電腦的螢幕，讓眼睛好好休息一下。

最近這一陣子，因身、心都感覺疲累，有時思路還會撞牆，才想藉著轉換環境來改變心境。

其實，以我目前的環境，要到外地旅遊或度假幾天，住旅館或飯店是花得起錢的，但是我選擇住妹妹家，還是最適當的。

一來是親情的滋潤，自從父母仙逝後，手足就是最親密的人了。曾經共同擁有相同生活背景和回憶，聚在一起，講話聊天很快就能熱線連接，彼此間可說是零距離的；談過去事，兩人都默契十足，不管甜酸苦樂事，都能心有靈犀，一點就通。歡笑或嘆息也都深有同感。這是一般朋友的感情所無法取代的。

二來是安全的考量，若是單身投宿飯店或旅館，人生地不熟，總難免會有安全或衛生的疑慮。住自己親人家，總是放心多了。把住宿費化成豐厚的伴手禮，或請主人全家吃大餐，或全程招待他們外出旅遊，或是遇到年節或生日等特別的日子，可包個禮金紅包，做爲祝賀之意，這些都是一種叨擾後的酬謝方式。

最近幾年來，我曾經全程招待三位妹妹們，到日月潭遊玩一整天，來回車費、吃喝、坐船、纜車和餐費等，都是我請客，她們曾笑稱我是「猴頭姊」─帶頭的姐姐，是由「猴頭菇」一詞轉來的。

也曾在龍年招待大姊和妹妹們一起去鹿港，欣賞元宵節花燈展；還有請姊妹們，專程去二林和王功吃海產等。其實花費也不多，卻可贏得滿滿的歡聲笑語。

我想手足情緣深厚，如果您經濟能力許可，又有滿腔熱情及懷念舊時情，就可適時召集兄弟或姊妹們，開個「姊妹兄弟會」，把最親、最愛的手足，集合相聚在一塊兒，不論是回憶童年往事、閒話家常、互相鼓勵、安慰一番或描述未來願景等，都是人間最美的風景喔！

銀髮族晚年時，若是你有點錢、有閒暇、有體力、有能力，以及有熱情時，可要多多去探望老同學、老朋友或老手足、老同事等，在歡聚的時刻，那交輝的眼眸，開懷的笑聲和溫暖的心窩中，彼此互相取暖、關懷、笑談一番，也是人生一大樂事耶！

我分享上述親身經歷的兩件事，就是最好的明證啦！

**親情友情多珍惜　開心歡喜聚一起**
**談古論今心連心　千金不換樂無比**

# （七）梨山採果趣

有一年，在「溪州初中同學會」裏，獲知曾人和同學在公職退休後，就移居到梨山種水果了。他很熱誠邀請大家去遊玩；當時說要去的人很多，但最後能成行的，卻只有我們住台北的四位同學；我負責安排三天兩夜的行程，我們自己先到宜蘭搭客運車到梨山，曾同學再來車站接我們。

梨山位在台中市和平區，是中部橫貫公路最早開發的景點，海拔約一千五百公尺，高低落差約250公尺；盛產水梨、水蜜桃及高冷蔬菜等，更有峽谷、瀑布、水庫等天然奇景。

出發那天，各個都懷著好奇和興奮的心情，坐在一路彎曲、顛簸的山路車上，也是初次體驗峰迴路轉的情境。屆時曾同學開著貨車來接我們，我第一次坐在沒坐椅的後車廂木板上，東搖西晃的，很是新鮮有趣。

接著需要搭上「單軌車」，它是僅有一條軌道的空中纜車，我們跨坐在人、貨兩用的長形木板條，必需用雙手抓牢胸前架起的馬蹄形把手，身體要挺直坐正，才能穩住重心，三面空空的，全無屏障保護；我心裡正感到恐慌、害怕起來，還來不及調整心情，開關一按下，就「咻！ 咻！ 咻！」地，以迅雷不及掩耳之神速，俯衝下去，沿途全是茂密樹林，待我回神往下一瞧，天啊！下面竟是一片白茫茫的德Ｘ大水庫，顫抖的心臟都快跳出來了！只好緊閉雙眼，挨過這提心吊膽的試煉，驚魂未定時，已抵達終點了，大大地鬆了一口氣；下車時，全身還不停地抖動著，趕緊找個石塊坐下，低下頭喘喘氣、壓壓驚，免得被主人撞見，我這個少見多怪的窘狀；他們卻是每天都要來回坐上好幾趟耶！

終點站就有他們的工寮，也是產品的集散地，牆邊擺著好幾籮筐的水蜜桃，都是被淘汰的次級品－長相不正或表皮受輕傷的；主人笑著說：「**這些水蜜桃，請同學自己隨便拿，隨意吃，吃到飽、吃到滿，不要客氣喔！**」

同伴們紛紛拿起，只輕擦一下，就大口啃著吃，難得這麼霸氣又奢侈，可以吃「通海」的啦！在台北可是論顆、計兩在賣的耶！但也能體會俗話說的：「**燒瓷的只吃缺角的，織蓆的常睏椅子上。**」因爲漂亮的貨色全拿去賣錢啦！

果園裡天天都有做不完的工作，我們也幫忙摘取水蜜桃，擺進籮筐、挑送到工寮，再選果、套袋、裝箱等，學到不少操作技巧呢！

這時也是聖女小番茄盛產期，高及胸前的翠綠棚架上，一串串、紅嘟嘟的果實累累，好壯觀耶！我們學會怎樣摘果，並搬到工寮後，再分級包裝，放入透明塑膠盒內，大夥兒說說、笑笑中，一個上午，就完成像小山般高的貨品了。這些和水蜜桃，都要搶時間裝入紙箱，再限時送出到集貨場，連夜運送到台北，及時趕上次日大清早，在蔬果大拍賣場標售的。

園主說，他們的有機番茄是吃牛奶長大的，不僅外型很亮麗，風味更特別鮮甜，拍賣時都以頂級高價售出，看他引以爲榮，很自豪又滿心歡喜的笑容，讓我也感受到豐收的喜悅耶！

我們在工作中，把淘汰的瑕疵品，現場盡情吃得開心、飽足外，吃不完的，後來還把它熬製成，原汁原味的番茄醬，每人都帶回一大包耶！

我們白天在清新的空氣、寧靜的山谷，青山綠樹環繞下工作、休憩，欣賞世外桃源的美景；夜晚因毫無光害，更可觀賞明亮的星星和月亮，大家圍聚庭院聊天開講，聆聽許多山中傳奇，享受溫馨的人情溫暖，眞是人間仙境哪！

尤其是五十多年老同學歡聚，談起往日求學時期，年少輕狂的樂事或糗事，總是笑臉相對，嘻嘻、哈哈笑個沒完、沒了呢！因爲太好玩、有趣了，我們又多留住一天呢！

這次住在山裏，親身參與各種農事歷程，或跟他們家人聊天中，才深刻體驗到，農人一年四季不論烈日或寒冬，都有農事忙著去做，各種蔬果要適時播種、拔草、修枝、施肥等；等待有好結果時，又要趕著採收、包裝、運送、銷售。若幸運碰到風調雨順，豐收又能賣得好價錢，就很謝天謝地了，可見農人有時還是要「**靠天吃飯**」的。

要是碰到颱風肆虐，乾旱或豪雨成災，往往就會落得血本無歸，飽受「**無妄之災**」了。這次的機緣，也讓我們親身體會到，很寶貴的實境秀：

**鋤禾日當午，汗滴禾下土；始知盤中飧，粒粒皆辛苦。**

農人天天忙著田園工作，所以三餐也都匆忙打發，吃飽就好了，更無暇整理廚房瑣事；所以我們臨走那天，就合力悄悄把廚房清理一番，洗淨廚具、料理台、瓦斯爐台及牆壁污漬等，主人頻頻道謝，我們才要多多感謝他們，托他們的福，我們才有寶貴機會，親身享受這趟採果之樂。

這一趟梨山之遊，除了欣賞特殊山水美景外，也讓我們體驗了果農默默耕耘的精神，和樂天知命的山居生活。眞是收穫滿行囊耶！

親愛的讀者，如果你也嚮往我們這種另類的旅程，那麼，若是你有同學、親友、老同事等，住在水涯、山邊或任何你沒到過之處，就趕緊安排去拜訪他啊，心動要趕快行動喔！

**農家體驗做中學　把握良機及時去**
**老友歡聚話桑麻　一舉數得多樂趣**

# （八）公主夢遊記

民國107年5月間，有一天傍晚，大女兒去健身房運動時，突然打手機來問我：**媽媽！我想請你一齊去搭郵輪，好不好啊？**

我說：這樣啊！可是，我不是九月就要去坐了嗎？

她說：不太一樣耶！這次是短程的，讓你先去體驗一下啦！試試看，你喜不喜坐船去玩啊！

腦中閃過念頭是：女兒好貼心，常常有好玩的事就要邀請我一同去。

當下我有點猶疑，她又鼓勵地說：我陪你先去玩一趟，機會很難得，旅費有特別優待耶，是旅行社臨時要填補缺額，要搶快先報名先贏，要去的話，現在就要跟我朋友登記，再晚一步就沒機會耶！

就這樣，臨時在出發前幾天，撿到大便宜，住的還是頭等艙，我搭上了「盛X公主號」郵輪，去了沖繩和石垣島，玩了五天四夜，度過恍如公主般的享樂假期啦！

## 1. 朋友就像一扇窗

郵輪停靠在基隆港碼頭，啟程那天中午，我們提前三小時，就到達海關辦理登船手續，卻發現早已大排長龍了。又花了約兩小時，才順利登上郵輪。

在蜿蜒隊伍中，我們除了觀賞人山人海的盛況外，我倆也隨意聊天，我說：

**我們做人就是要廣結人緣，多認識朋友就像多開了一扇窗，可讓你看到不同的風景。**

就像你這次在「運動中心」因有認識旅行社的人，知道她的團隊臨時要補位，才知道搶先去爭取，眞是賺很多耶！

我們下榻的是頭等艙的海景房，有兩張精緻大床外，更有一張豪華長沙發、一張長型化妝檯、一套漂亮茶几、兩台電視，牆上還掛著一幅超大的抽象畫。另有蠻大的衣帽間、衛浴設備等。更開心的是室外還有陽台，擺著供兩人賞海景的一套桌椅呢！

## 2. 賺了錢財賠身材

我們放好行李後，就前往16樓自助餐廳吃下午茶，餐廳分好幾區，有中式、西式、台式等各種菜色，沙拉吧、點心櫃或水果台，更是琳琅滿目等，免費任君吃到飽。

女兒說：「這幾天我們只顧玩樂，不必做事，所以吃、喝要節制一點，不要超量喔！」

我說：**「對喔！可不要賺了錢財－免費吃喝，卻賠了身材－多吃長胖！**」女兒聽後，也點點頭笑了。

郵輪預定傍晚5點鐘才舉行盛大的啟航儀式，我們就隨意逛到16樓船尾甲板上，那兒早已人山人海，有DJ.在15樓甲板上，主持唱歌和跳舞節目，用熱門音樂帶動全場，氣氛非常high，並用超大的銀幕在16樓的電視牆實況轉播。

## 3. 享受美好的時光

我倆很幸運佔到最前面，第一排的海灘椅，歡喜又舒服地躺了下來，頭上是一望無際的藍天，身旁是藍藍的海洋，溫和的夕陽已斜掛天邊，我第一次看到白天的夕陽和夜晚的月亮，竟會同時出現在天空相遙望耶！我怕是老眼昏花，看走了眼，還向女兒求證一下。

女兒笑著說：媽媽！是眞的啦！你看的沒錯啦！不用大驚小怪啦！**那是因爲你四十多年來，在那段時間內，你都留在廚房忙著做晚飯，根本沒時間出來，看看天空的美景啦！**

我聽後笑笑說：這倒是眞的，當全職媽媽，竟然會錯失這種好機會啊！

海上陣陣涼風吹送過來，感覺十分清爽、舒服；我們有時往下瞧瞧表演歌舞的場景，欣賞著滿場歡樂笑聲，和美妙的舞蹈，有時觀看大銀幕特寫的轉播鏡頭，都感到非常的悠閒、愉悅；閒聊中，我跟女兒說：**好開心喔！生命就應該偶而花費在，這麼美好的享樂上。**

她笑著說：**對嘛！我就是要請你出來玩一玩，看看別人是怎樣享受生活樂趣的。**」

## 4.特殊的自然奇景

位在沖繩島的玉泉洞，是日本最大規模的鐘乳洞，開放參觀範圍約達890公尺，它是經歷30多萬年才形成的壯觀奇景，看不完的大小和奇型怪狀的鐘乳石，眞是美不勝收，嘆爲世界奇觀耶！

「城下町」區域有紅型、藍染、機織工房，可供DIY的體驗機會，也可試穿古琉球貴族的服裝拍照喔！

我們也有去「首里城」那是已被聯合國登錄爲日本第11座世界文化遺產。有古色古香的城牆及優美的庭園造景等。

也有去逛那霸市最繁華的「國際通」，在商店買了著名的沖繩黑糖及一些特色零食，還有當地特有的手工藝品。

石垣島位在日本琉球列島的八重山群島的南方，是日本第3大島，是群島的政、經和文化中心。

全島滿是美麗森林的小島，是熱愛衝浪或浮潛人的天堂，它以大片海天美景或淨白沙灘聞名，我們有走去「玉取崎展望台」在那裏眺望遼闊的藍色海天美景，眞是美呆了。

我們也吃到著名的石垣牛的牛排，是產地直銷的黑毛和牛，口感滑嫩多汁又香醇美味，眞是不虛此行，當地的布丁也很滑順可口。石垣島也是最靠近台灣的日本小島

我們去參觀沖繩和石桓島的幾處景點，都是保持比較原始的風貌，又看了幾場原住民的歌舞表演，也都很有當地文化特色。日本很著名的「淚光閃閃」歌曲，就是由沖繩島的民謠改編而成，唱紅它的夏川里美小姐，也是沖繩島居民呢！中文版名為「陪我看日出」。

## 5. 悠閒度假很值得

郵輪上服務安排很周到，每天活動節目很多，有生動的舞蹈課程，浪漫熱情的音樂演奏會，有趣的賓果遊戲、團體競賽；還可逛免稅的精品店，享受精緻的下午茶，也有酒吧可談心，大小夜總會讓你瘋狂跳熱舞；也有海上賭場，小賭怡情，讓你試試手氣。更有公主劇院每晚演出的精彩歌舞秀。我幾乎每一樣都給它玩一下，才值回票價！

我第一次在這裡參加名畫拍賣會，欣賞拍賣員推銷的流利口條，看看參加競標者競價搶標的熱絡景況，都是一波波高潮迭起，十分有趣，也有不少人購買呢！

我也去逛過遊輪上的小畫廊，展出一些西洋名畫，也有去圖書館翻看一下書本，大部分是旅遊書。

當然，最難得的就是在陽台坐椅上，泡杯上等茶，母女一起

欣賞一望無際的藍天、藍海，又輕鬆地隨口聊天，彼此都說得相對笑哈哈，真是開心得不得了耶！

結束行程下船時，女兒問我：**媽媽，你覺得搭遊輪好玩嗎？**

我接口說：**超讚的！我喜歡！我決定要去環遊世界108天啦！**

於是，母女又相對哈哈笑了！

**郵輪旅遊見識廣　海闊天空任意行**
**輕鬆度假情趣多　親子同遊真高興**

# （九）帆船飯店華貴行

杜拜是阿拉伯七個聯合酋長國之一，也是該酋長國的首府，又是中東地區的經濟和金融中心。我們曾住宿舉世聞名的帆船飯店，它是高聳在波斯灣內的人工島上，離沙灘岸邊280公尺，僅由一條彎曲道路連結陸地，飯店外型酷似阿拉伯帆船而命此名，在1999年底開放，頂部設有直升機停機坪，常是世界富豪度假首選。

**那時飯店有202間套房，最大套房有780平方米，住一晚從1000到15000美元不等，皇家套房要價28000美元**，是世界上最貴的飯店之一。飯店進門內挑高又闊氣的交誼廳，更像是皇宮般的富麗堂皇、美不勝收。

我們留宿的房間大得可以容納兩、三個家庭的豪宅，光是沙發就有大小兩、三套之多，牆邊還擺一張很大的辦公桌；房內有一支遙控器，可遙控燈光、空調及開門等。我們入住後，馬上就看到特大台的電視螢幕上，已秀出我的名字，歡迎我！

**整個房間都裝潢成很貴氣的金黃色，包括牆面、沙發、桌椅、窗簾等傢俱，呈現美輪美奐的奢華氣派**，我們母女趕緊拍攝許多超富麗的場景，好留下珍貴的回憶。窗外就是整片美麗的海景，不少遊客正在享受水上遊憩活動呢！

疑！好像有點神祕耶?怎麼都沒看到臥室或衛浴間呢?搜尋中，才發現原來它是樓中樓，要沿著華麗的地毯樓梯走上二樓啦！其內有一組大沙發；有可供兩、三人同時使用的化妝台，還擺放香水、玫瑰花、及心型巧克力；寬大的浴室中，更有供兩人一起泡澡的按摩大浴缸，牆面還鑲上一幅特大的海景壁畫呢！

更特別的是，寬大又軟綿綿的床鋪，它頭頂上的天花板，竟裝設有整面大鏡子，大慨是要我們欣賞可愛的睡相吧！我們就在床上擺起多樣睡姿，逗樂取悅一番，感覺十分新鮮、奇妙耶！

餐廳有好幾間供應自助式的多國食譜，任君吃飽、吃滿；下午茶果點等，更是由服務生直送房內，服務生每次來送物品，我們都要給小費；員工服務都很親切、周到；各種高級遊樂及運動設施，任你玩耍、健身玩到夠爽、夠本耶！

這一切豪華的設備和裝潢，都讓我們大開眼界，眞的是超級豪華的體驗耶！我和女兒特別在金碧輝煌的門廳，合拍一張珍貴的照片，並放在我當年自製的年曆上，其旁題字寫著：

**夢想成眞：出生沒含金湯匙，今生何不自己打造一把呢？**

我們也有熟人帶領去參觀著名的「哈里發塔」它是杜拜境內的摩天大樓，高度爲828公尺，樓層總數169層，造價達15億美元，共有57部電梯；我們曾去第124樓層，世界最高的室外觀景台，俯賞都會高樓聳立，萬家燈火的炫麗夜景；觀看那變化無窮的噴泉，噴出瑰麗如夢幻般的奇景，同時配合播放港星張學友唱的「吻別」歌曲，**當下飽受很奢華的眼福和耳福，內心更覺萬分幸福呢！**

我們也安排到附近的棕櫚島遊覽，那是世界最大的人工島，島型是以棕櫚葉的外型呈現，設有飯店、購物街、百貨公司等，我們在華麗的戶外餐廳，種滿美麗棕櫚樹的庭園，盡享特殊風味的午餐，清風徐來，恍如置身人間仙境耶！

我們先後拜訪和參觀幾家醫院和醫療機構，設施都很先進和完備，但醫護人員很多是聘請外籍人士擔任的。

路旁在沙漠中種植樹木，全是用鑽了孔洞的塑膠水管鋪設，沿途定時自動噴水澆灌，也是一大巧思和奇觀。

這次托女兒的福，能夠享受頂級的，杜拜帆船飯店之旅，眞是快樂百分百耶！

**及時掌握好機緣　母女同遊超難得**
**盡享榮華富貴行　美好人生添彩色**

# （十）旅行把黑白人生變彩色「上」

外出旅行就像是有計畫的流浪，短暫離開生活常軌，去探索陌生又未知的地域；讓你獲得新鮮、奇妙的樂趣，它是生命的限時縮影，人生快轉的跑馬燈！我一直記得多年前，台灣有一家電視台，首次開播國外旅遊節目，有個超吸睛的廣告說詞：

**你給我三十分，我給你全世界。**

我旅行的經驗是：**你給我少少的時間，我給你大大的世界。**

旅行的好處多多，我且舉例如下：

## 1. 跳脫生活常軌

我們這輩子有幸來到這個世界，總會好奇地想去看一看，地球到底是圓的，還是扁的?或是瞧一瞧世界其他地方，是長什麼模樣，人們是怎樣過日子吧！

旅行讓你跳脫熟悉的生活牢籠，擺脫井底之蛙所限；去拜訪地球其他廣大的區域，讓你大開眼界，認識新世界。那是一件多麼令人開心的事啊！

尤其是專職媽媽或主婦，爲了寵愛自己，更需要去旅行，常聽人家說：**要讓主婦休息，唯有讓她離開家裏。**

旅行正可讓你，無事一身輕，每天不必忙碌煮三餐、打理家務、嘮叨孩子，…。儘管放輕鬆、自由自在，逍遙玩樂去啦！

## 2. 快轉的人生驛站

旅行的景點，就像是另一個生活的停駐點，也是生命中新鮮的驛站；更像是爲你開啟了一扇窗，讓你欣賞到不一樣的風景。

你旅行越多處，生命的駐紮點就越多，所見所聞就會越廣、越深，生命的內涵就會更多元、更豐富了。

旅行者雖是行程匆匆，馬不停蹄，浪跡天涯、海角，但也有**「一日看盡長安花」**的樂趣；因爲觀賞的都是篩選後的精華景點，著名的歷史名勝，像老古蹟、舊戰場、名建物、古城市或世界遺產等，都是現在已經回不去的寶物，而你卻能親眼觀賞，真是滿心歡喜！更有最現代科技的建築或景觀等，讓你古今對比，瞠目結舌，嘖嘖稱讚喔！

## 3. 追夢人生永不老

人是有機體的高等動物，身體需要天天新陳代謝的運作，所以必須要透過各種保健活動，來維護身、心的良好機能；何況人體的各器官是有「用進廢退」的機制；就像一部機器越轉動，每個零件就會越滑順、越靈光一樣。

旅行就是要你馬不停蹄地動起來，走出去戶外找新鮮樂趣。而腳力就是展現生命力的最大支柱，因爲雙腳一走動，全身各器官也都跟著帶動起來了，它更是身體健康的最高指標喔！所以說：**適度的外出旅行，是一項保健活動，它讓你腦力靈活、四肢發達、活力滿點、快樂百分百！看起來越年輕、更漂亮，變成了人人稱羨的帥哥、美女喔！**

## 4. 軟腳蝦 v.s 勇腳馬

一個人的衰老都是從腳力衰弱開始的。旅行參觀景點是需要多走路的。像我去環遊世界時，有時景點是位在窄巷內的古屋，或在山崗上的老教堂，更是要連續步行一、兩個小時；偶而跟著導遊趕時間，或追景點時，更像軍隊的「急行軍」一般，頗能激發出「狗急跳牆」的潛能呢！所以旅行是訓練腳力很好的方法。更是「一兼兩顧，摸蛤兼洗褲」的好主意，既賞美景又兼拼健康耶。

一個人若是不想外出活動，或做些短、長程的旅行，就表示他沒有求新、求變的渴望，也就是他已放棄追求美夢的勇氣，**尤其是有些年輕的宅男、宅女一族，曾被謔稱是「奧少年」－澳洲來的軟腳蝦，就是顯現未老先衰的現象了。**

相反的，有些中、老年人，卻是抱持著老當益壯的心態，及時把握好時機，到處趴趴走，四方去走跳，嘗新鮮、享樂趣；展現勇腳馬，嚇嚇跑的氣勢呢！

**努力工作求享樂　常軌生活太無趣**
**改變環境換心境　旅遊正是好主意**

# （十一）旅行把黑白人生變彩色「下」

## 5. 旅行讓夢想起飛

年輕的族群們，大家都知道：

**休息是爲了走更遠的路、休閒是一種生命力的再創造。**

你在假日裏一定要走向戶外去活動、旅遊；看看青山綠水好風光，聽聽鳥叫蟲鳴好樂章；徜徉在大自然的懷抱中，去舒展筋骨，活動或運動一番身體，享受日光守護的溫暖滋味，遠離禁錮在都市水泥叢林的冷氣房，讓身、心都像野放的鳥兒，享受「海闊憑魚躍，天高任鳥飛。」的自由、歡暢！

**「聊爲一日遊，慰此百日愁。」，旅行就是最好的選項。**

千萬不要當「繭居族」整天足不出戶，無所事事，或沉迷在虛幻的科技玩物裏，像玩手機、打電動、看電視等靜態娛樂等，那是十分傷神、傷身又殺時間的不良行徑耶！也許你有很多藉口，像沒錢、沒空啦！其實，旅遊行程，一天不算短，三、五天也不算長啦！隨你選擇都行，有首打油詩說得蠻實在的：

**年輕不養生，年老養醫生；年輕不保健，年老進醫院。**

**要活就要動，活動是保健；健康是本金，快樂是利息。**

人生像銀行存摺裏，你要先存入本金，才有源源利息可領取喔！

年長的銀髮族伙伴，你奮鬥了大半輩，在功成身退後的樂齡階段，你有錢、有閒，更該把握有體力時，多多參加旅遊活動，看一看或玩一玩這個美麗世界，犒賞自己這輩子的辛勞，這一趟人生，活得才有價值，才算不虛度此生啊！網路有一首打油詩，提供你參考：

**日落西山人未老，抓緊時間到處跑，**

**可別等到腿不好，讓人扶著走不了；**

**外面世界眞美好，健康快樂少煩惱，**

**夕陽不會無限好，快樂一秒是一秒。**

旅遊，除了遊山玩水，讓你賞心悅目，增加生活情趣外；更能磨練腳力和體能，讓你越玩越勇健喔！讓生活變得多采多姿喔！你雖是七老八十幾歲了，卻活得像一條活龍，走跳五湖四海，變成可愛的青春老少年耶！

## 6. 旅遊交友兩得兼

旅遊更有多重的益處，例如認識新朋友，往往日後就變成好友或旅伴了。新朋友就會開啟新話題，在交談互動中，讓情感交融、加溫；彼此說說笑笑中，搭起人際良好橋樑，讓生活添加很多樂趣；認識新朋友，就好像多開了一扇窗，它讓你看到不同的風景。更何況專家研究說：

**學習新事物或認識新人物，就能刺激大腦神經細胞的連結或增生，正可預防罹患失智症的風險。**

良好的人際互動關係，更是決定生活是否快樂的主因呢！

旅行另有一項令人喜愛的口福，就是有機會品嚐他鄉特產、異國美食、風味小吃、新奇飲品等，會讓你津津樂道，回味無窮，也是生活一大享樂耶！

所以說，旅行是一舉數得的活動，好處多得說不完，請你親身快來玩，保證讓你天天開心，樂而忘返！

## 7. 犒賞此生才値得

**這世界上的名利、財富都是過眼雲煙，只有擁抱健康和快樂，才是最大的珍寶！旅行正可讓你兩者兼得；幸福的花朵永遠開放在健康的枝頭！**

總而言之，適度旅行滿足了你的好奇心和求知慾，又讓你天天開心又保健，眞是百利而無一害，何樂而不爲呢！

不過，知道只是智力，做到才是能力！心動就馬上行動吧！

希望你，快快去安排第一次旅遊，從此開創人生新視界，相信你會驚喜連連，歡樂無極限！

**旅行讓你創造驚喜　見多識廣不閉塞**
**旅行讓你創新活力　黑白人生變彩色**

# 九、人間溫情篇

## （一）母愛恩情深

### 1. 悲歡童年

我生長在彰化縣溪州鄉的小農村，國小五年級，曾參加過要升學的「投考班」。後來因爲媽媽不忍心，讓我飽受惡性補習，引發對身、心的種種傷害；所以，上學期才上不到一半，我就轉讀到就業的「放牛班」了。

畢業時，級任老師見我成績第一名，就建議父母讓我參加升學考試；可是七月間，我去報考鄰近的「北斗初中」卻不幸落榜了！當時鄉下孩子，升學的風氣還不盛行，女孩子唸初中的更稀少！因此，我雖然沒有機會再升學了，但也不覺得是多麼惋惜的事！

不過，我因沒讀「投考班」，反而能逃離惡補壓力的折磨和苦難；卻因禍得福，才能在五、六年級時，度過很輕鬆又快樂的童年生活。這件事或許是影響到後來，我都不會討厭讀書，反而很喜歡學習、追求成長的原因吧！

### 2. 母愛關懷

那時父親獨自在外地上班，生活都要自己照料；既然我已經畢業了！就要我去他那兒住下，以便幫忙煮飯，洗衣等家事。父親服務的機關有著寬廣的前、後院，院子裡有不少的綠樹濃蔭，正是孩童最好的遊戲場所；因此許多鄰近的孩子，常常成群地聚集在一起。展開各種緊張、有趣的集體遊戲。

我當時才十幾歲，童心未泯；初抵異地，生活的導向，無非是朝著周遭的環境去尋求認同，一回生、兩回熟，很快地我就完全投入他們，狂熱的戲耍行列了！幼稚的心靈，懵懵懂懂的，天天有得玩就高興，那會去關心自己的前途。

九月中旬，有一天，母親突然來了，一見面就對我說：聽說今年溪州要新設立一個初中，最近才要招收新生；妳再去考考看，好嗎？

這意外的好消息，固然令我有幾分興奮，但是我一時卻捨不得離開那些玩伴。母親見我拿不定主意，便鼓勵著說：

**這是一次難得的機會，妳要是能考上，就可繼續讀書，將來比較有出息，不要像我一樣，沒認識多少字，這輩子只能種田過日子了，…。**

隔天一早，我就跟著母親一起回老家了。

## 3. 牽引陪伴

於是，母親擱下田裡的工作，趕緊帶我去報名，接著又陪我去應考。我永遠記得考試那天，母親歡喜得像是要參加一場盛會似的，特別穿了一件很體面的新洋裝。

我考完第一節出來，母親頻頻關切地問我：

**會寫嗎？寫對嗎？**

然後叫我把鋼筆水再灌滿。我剛灌好墨水，就聽到第二節進場的「預備鈴聲」響了，急忙把墨水瓶遞給母親，不料她接住時，瓶口突然濺出一大撮墨汁來，正好撒在她的新衣上。

「啊！」母親意外又心疼地叫了一聲，霎時我也嚇了一大跳，趕緊要幫忙擦掉；母親卻攔住我的手說：

**不要緊，不要緊啦！妳快去考，趕快進教室去啊！要穩穩的想、慢慢的寫喔！**

我在寫考卷時，有幾次抬頭遠看，都瞧見母親低著頭，半蹲在對面走廊的水龍頭下，捏著手帕一遍又一遍，用力地擦拭著新衣上的墨漬。

我當時真是難過極了；想到母親爲了我這次的應考已經夠操心了，現在又因我的粗心大意，而弄汙了她的新衣，我實在很對不起她，我真是罪無可恕；內心不斷的自責，使我激動得幾乎想丟下筆，飛奔出去跪在母親面前，請求她處罰我的不孝。

所幸，當時理智尚未完全被感情的浪潮所吞沒，我突然又想起，剛才母親不但沒有半句責怪的話，反而催促我趕快進考場，叮嚀我要好好寫；可見母親對我期望有多大呀！我現在怎可半途而廢，辜負了她的一片苦心呢？於是一陣陣歉意加上感激的情懷，頓刻間都化作振筆疾書的力量，密密麻麻地流露在試卷上。結果放榜時，我以高分的成績錄取了。

**母親的牽引，像是把斷了線的風箏重新接連起來，使我又有機會在知識的領域中飛翔！**

## 4. 救難解危

初中時，我以全校第三名的成績畢業，父親認爲家中衆多兒女都在求學，學費負擔很重，我又是女孩子，要是能考取公費的師範學校最好了；不料，我報考「台北女師」卻以幾分之差敗北了！

父親失望之際，便要我待在家裡準備明年重考；後經母親的極力遊說，才勉強答應我去報考「北斗高中」。所幸我也以高分的成績錄取了。

高中第一學期才唸了約一半，父親獲悉「員林電信局」要招考接線生，他希望我能提早就業，便勸說我去應考。我當時因莫名的自尊心作祟，不敢向導師請假，怕他追問我理由。所以等考期一近，父親逼急了，我索性當面頂撞他說：

**我不要去考！**

父親聽了很生氣，當場出手要打我；幸好被母親及時擋開了，父親便氣憤地說：

**你不去考，高中也不再讓妳唸了。**

我原以爲父親只是說說氣話而已，不料第二天早上，我正要去上學時，卻發現書包不見了；我心一沉，知道可能是被父親「扣留」起來了。

起初，猜想是被藏在家中，但是母親跟我，到處翻箱倒櫃，仍不見蹤跡，我欲哭無淚，眼見上學的唯一班車快來了，只好硬著頭皮、厚著臉皮、空著雙手去學校。

一個學生上學沒帶書包，就像一個軍人上戰場不帶槍，一樣的荒唐、可笑。一路上我心裡忐忑不安，渾身都很不自在，只好羞紅臉、低著頭，可免遇見同學投來詫異的眼光，又深怕被在校園巡視的教官撞見了，鐵定當場會被痛罵、羞辱一頓的。

躲躲閃閃的溜進校園；整天坐在課堂裡更是膽顫心驚，坐立難安；我想那時候，只要有一位老師發現了，我不能說的秘密，一聲喝責，我準會嚇得馬上昏倒過去的。

## 5. 堅定扶持

戰戰兢兢地熬過了有生以來「最長的一日」，傍晚放學回家後，整個人已瀕臨崩潰、癱瘓狀態了。傷心之餘，便賭氣地說：**不讓我唸，就不要唸算了，明天起我再也不去學校了。**

母親見我哭泣不停，一夜沒睡好，等到大清早，天色稍見朦朧，就立刻跨上腳踏車，從「成功村」飛快地踩到十多公里外，父親上班的「三條村」宿舍，四處搜索找尋，又突破了父親的阻撓，才急急忙忙帶回我的書包，及時讓我趕上六點多的早班車去上學。

後來我聽從母親勸告，也有去報考「員林電信局」接線生；湊巧的是，當時是使用「磁石式交換機」的機型，身高需要達高標才能勝任的；我身高因還差一點點，所以就不夠資格參加筆試了。我眞是喜出望外，而父親自然也沒話可說了。

母親是位十分堅強的婦人，在命運的賭注還未揭曉之前，她的愛心是不甘屈服於環境的擺佈的。

現在回想起來，當時若不是母親摸黑來回趕了約二十多公里的路，替我找回書包，我可能就會因自暴自棄，而中途輟學了。

我現在雖然不再懷恨父親，但是我卻永遠感激母親，在我跌跤的剎那，及時拉了我一把，擦乾我眼淚，扶持我上路，繼續向前走！

## 6. 及時援手

讀完上學期，父親堅持要我專心一意，好好準備重考師校，便叫我辦理休學；我被迫留在家裡，情緒十分低落。同時家中又在整修房屋，時常被呼來喚去的做些打雜的事，所以一直沒能好好溫習功課。

那年暑假，我去報考「高雄女師」，還是只差幾分，又名落孫山了。父親十分震怒，一口咬定說我是故意不好好寫考卷，爲了懲罰我，就揚言不再讓我繼續唸高中了；我知道父親「言出必行」的個性，除了暗自傷心外，也只好認命了。此後，我就天天跟隨母親到田裡工作了。

休學了一年後，學校寄來了「復學通知書」和註冊單；我自知學費沒有著落，就把通知單擱放一邊，每天照常去工作。沒想到註冊前一天，母親捏著一把私房錢塞給我，她說：

**傻孩子，再怎麼苦，日子度過去就好了，不管怎麼樣，我是不會讓妳白白放棄求學的機會的；妳爸爸沒理解，兒孫自有兒孫福，多讀點書總是不會錯的，快拿去繳註冊費呀！**

於是我又悲喜交集地重新踏入校門。

母親及時伸出的援手，像是重新給我點起了一盞明燈，照亮了我的升學之路，使我有機會再一次出發，邁向無涯的學海。

## 7. 逆轉命運

高中順利畢業後，我終於幸運地，考上了國立台灣師範大學國文系，大二改轉歷史系，成爲我家附近五個村莊裡，第一位唸大學的女孩；記得放榜那時，熱心的「培仔」表舅，還特別用大張紅紙，寫著「**恭賀林琼姿金榜題名…。**」的大字報，張貼在村裡的電線桿及廟口牆上，發佈這項破天荒的喜訊呢！母親歡欣的笑容自然是比誰都多。

大學畢業後，我不論擔任教職作育英才，或婚後管理家庭，相夫教子和經營家業等，所必須具有的各種知識和技能，莫不仰賴於多年來的學校教育所賜，或者植根於往日所學，一脈相承，延續發展而來的。

對於一般平凡的人來說，青少年時期求取學識的途徑，無非是依循著，階梯式的學校教育而達成的。

俗語又說：

**過了那個莊，就再沒那個店了。**

往往一時錯失了求學的機會，很可能一輩子再也沒機會上學了。我讀了師大後，從此才開展了我逆轉勝的人生。

母親及時的愛，改變了我一生的命運；飲水思源，我感謝母親，更要好好報答她。

**屢敗屢戰升學路　幸有慈母及時助**

**多方鼎力相扶持　恩深情重永記住**



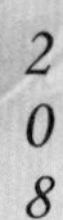

# （二）承歡膝下

我婚後每次回娘家，母親總是忙著烹調佳餚美點，盛情款待一番。看她在廚房忙得團團轉，屢勸她不必如此費心張羅，她卻執意地說：**難得回家相聚，總要好好招待才過意嘛！**

可是母親是上了年紀的人，過分透支的體力，帶來腰酸背痛之類的後遺症，可就夠她難受好一陣子，這是最令我感到心疼和不安的。

同時忙著飲食瑣事，就無暇促膝談心，等到臨別依依說再見時，才驚覺還有許多話還沒說，徒留無限惆悵，這也是美中不足的事了。

有人說：**若要主婦眞正休息，就要讓她離開家裡。**

此話深得我心。因此早在幾年前，我就設法把省親的時間，安排成相偕出遊的假期；如此既可讓母親休息一下，又可陪她遊山玩水，從容話家常。

其中有幾次旅遊，都留給我十分深刻的印象。

## 1. 舍下猶聞喚小名

那次我們去嘉義「梅山」遊玩，母親看見滿山開放的梅花景象，嘖嘖地讚美。我們並坐在花蔭下賞花，邊吃零食，邊談天說笑，也許是觸景生情，母親忽然說她想起一首「四句聯」；我請她唸給我聽，母親唸了一句後，就推說年紀大，記不得了。我鼓勵她再想一想，經過幾次反覆的吟哦和修正後，果然唸齊了。霎時，母女都十分興奮，我盛讚母親記性眞好。她好開心笑了。那那首詩是：

**十指尖尖捧一杯，問君此去幾時回？**

**路邊野花君莫採，思念家中一枝梅。**

母親唸一句，我也緊跟著唸幾遍，彷彿重享兒時膝下學童謠的甜蜜時光；母親又說：

這是我少女時代跟同伴學的，如今一眨眼已是六十多歲的人了，想不到今天還能唸出來，實在很歡喜啊！

數十年來，母親爲家庭、爲兒女奉獻了一切心力，那有閒情想起心中的詩句呢！

我們在花間小徑漫步時，忽聞一股異香飄送過來；趕忙四處探尋，母親指著高處說：**「大概是那棵柳橙樹的花香啦！」**

那股濃郁的香氣吸引我想攀崖去看個究竟；當我爬上崖邊時，母親頻頻輕喚我的小名說：**「小心點，慢慢走，腳要踩穩！踩好喔！」**

我唯唯諾諾回應說：「好！好的！我知道了！」

心中突然湧現起無限溫馨的暖意，我已好久沒聽到，這份親切的叫喚和叮嚀了。

自從爲人妻、人母，就一直扮演著關照別人的角色，幾乎忘了我是誰了，而此刻在母親跟前，我又重溫小女兒被疼愛、受呵護的滋味，那是一種多麼甜蜜、幸福的感覺啊！有人說：**「在父母親的眼中，兒女永遠是長不大的孩子。」**我多麼希望能常常陪伴在母親身旁，永遠做她跟前的小大人啊！

清朝官至極品的李鴻章，曾經說：**「已無朝士稱前輩，尚有慈親喚小名。」**當自己已是老大不小的年紀，猶有親長隨時關愛著，那是多麼值得珍惜的福分啊！

## 2. 點水難報湧泉恩

有一年春節，我邀請母親去「北港媽祖宮」拜拜，順便參觀花燈展覽，母親對那些五光十色、閃爍耀眼的巨型電動花燈，頻頻讚美；我則把旁白的故事解釋給她聽，有些民間流傳故事，母親也補充告訴我，母女一起陶醉在歡樂的時光中；直到傍晚，才匆匆去搭車回家。

母親的喉嚨常有口乾舌燥的老毛病，平常需含些人蔘片、酸梅等潤喉，那時突然又乾咳起來。這時剛好瞧見前方有位老伯，正推車在叫賣甘草瓜子，趕緊趨前買了兩包，在車上母親嚐了鹹鹹的幾粒就止咳了，她又稱讚那瓜子十分甘醇可口；我接口說：

**早知道那瓜子很合妳的口味，我就全部買下，讓妳慢慢吃個歡喜。**

母親聽了開懷笑著說：傻孩子，多買兩包是可以的，那有人要買下整車瓜子的，要嚇壞人家啊！

我笑著說：**怎麼會呢？老伯板車上頂多只有十幾包吧！我是買得起的嘛！**

母親又笑著點點頭，我當時的確是這麼想的，只要細微的體貼和回饋就能討取母親的歡心，我是多麼樂意去做啊！

這些年來，能讓母親覺得好吃的東西已不多了，她常說大概是年紀大了，舌根味覺變遲鈍了，所以吃不出好味道來。

## 3. 共享美食憶母恩

有一回，我們去南投縣的「埔里鎮」遊玩，在市場餐飲區，想找些別緻的東西嚐嚐；逛了大半圈，突然發現有一店家，攤架正掛起一隻大火雞，還冒出陣陣香香的煙霧，我喜出望外，忙指點著說：

**媽媽！妳看有火雞肉耶，現出爐的，還在冒熱氣呢！我們就在這家店吃吧！**

母親推辭說：火雞肉很貴的，花太多錢不好啦！

我說：**不會啦！妳是怕我帶不夠錢，請不起妳嗎？**

請將不如激將，我一面說一面挽著母親入座。我請教母親火雞肉那部份最好吃，她說：

**是脖子底下那團肉最細嫩可口了，不過，只要買一點點，嚐嚐看就好喔！**

我點頭說好，便跑去跟老闆指著說：「那部分的肉全部切下給我們。」

等候上菜時，我談起小時候，母親自己養火雞，還有我們兄妹爭搶著吃雞頭的種種趣事，母親聽得笑嘻嘻。待老闆端肉上桌時，母親嚇了一跳，直嘀咕：

**你這個憨孩子，怎麼叫那麼大盤的肉，花太多錢啦！**

我只顧笑著勸她：**快吃！趁熱吃！沒吃完剩著會被倒掉，多可惜啊！**

母親是捨不得我花費太多，她常說我自己有兒女了，要養育、要栽培讀書，都要用錢，所以要多存點錢，節省著用，…。我解釋說：

**難得一同遊玩，發現有特別好吃的東西，就把握享受一頓，吃得歡喜就値得了，這是女兒的一點心意嘛！**

母親吃得津津有味，直誇肉質鮮嫩味美，又說：以前很少一次吃下這麼多肉，今天吃得很飽、很滿足耶！

我說：從前兒女多，孩子都吃不夠了，當母親的那捨得吃？我自己也做母親了，這份心情最能瞭解了。

母親頷首而笑了。

**一頓小小的美食，一份誠摯的孝心，就能博得母親的歡顏，何樂而不爲呢？**

用餐時，我乘機告訴母親一則難忘的往事：那年我讀初中二年級，有次星期六下午放學後，因所搭班車中途故障了，修好後回到家都已兩點多了，母親特地爲我煮了一碗「洋蔥蛋花湯」配飯吃；我肚子正餓得發慌，幾乎是狼吞虎嚥地吃下肚的，至今我還記得那道菜的香甜滋味，現在想起來還要流口水呢！

母親一直微笑著聽我敘述，直誇我記性好，怎麼這種小事也記得那麼清楚，她自己早已忘光光了。

**其實，我們每個人的內心深處，不也都珍藏了許多難忘的親恩鏡頭，只是疏忽了適時表露出來，和母親共享「舊片重映」的樂趣，以討取她的歡心吧！**

## 4. 但願兒心似我心

有一回，母親來台北探望我們家，我便安排邀她同遊東部的宜蘭、羅東等地。母親的求知慾和好奇心特別強，每到一處，就喜歡看看當地的風土人情。

在羅東街上我們打聽到，有一家聞名的鹹水鴨店，門市還沒開，我們就直赴製作場探訪，在等待時，母親就興致勃勃地，觀看師傅製作的過程，又問這問那的，等買好離去後，母親得意地說，她已學會做鹹水鴨的秘訣了，更歡喜地大讚不虛此行。

後來我們又到菜市場逛一逛，看見有一店家用黑黑黏膠液，沾黏除去豬腳細毛的妙法；母親從頭看到尾，十分高興地說：

**從前聽人家說過有這種事，今天親眼看到，總算大開眼界，出來玩就能多看到，很多新奇的東西耶！**

我對那些烹調瑣事，本無多大興趣，但爲討母親歡心，只好笑臉陪她看夠、看滿；既然是陪母親出來玩，只要她高興就很值得了。

有人說：**養孩子最重要的條件是耐心。**

我想：**陪伴父母，也是一樣要有很大的能耐。凡事都要順著她，討她歡喜就對了。**

在宜蘭有一處水果攤上，我倆幾乎同聲說：啊！有紅米柚子耶！—果粒是粉紅色的。一股「他鄉遇故知」的喜悅浮現臉龐。

母親忙問老闆：這是小型的斗柚嗎？

老闆親切地說：不是啦！這是紅肉的西施柚，是最新的改良種，很香又很甜喔！

母親好奇的探問著，接枝方法的來龍去脈，老闆和顏悅色地說明著，直到母親聽懂滿意爲止；我在旁看著母親洋溢著「解惑」後的歡喜神采，便決定不管價錢多貴，也要買來嚐嚐，以回報老闆的人情味。

付錢時，母親搶著要給，我倆正在推拉時。

老闆說：**讓女兒出錢好啦！她要請妳，妳就不要客氣嘛！**

母親忙說：**我自己也有錢，今天出來玩都是她招待的，讓她花太多錢，不好意思啦！**

老闆笑著說：**妳有錢歸有錢，但是女兒買的有加「味素粉」，吃起來味道很不一樣喔！**

母親不解地問：什麼？你這柚子裡有放味精啊？

**我是說多加一份孝心啦！就像炒菜放進「味素粉」一樣，吃起來更香甜了。**老闆幽默的比喻，逗得大家都笑了。

當我看著老闆打包時，母親把臉龐側轉過一邊，拉起袖角往眼尾擦拭著什麼似地，好一會兒都沒說話了。

## 5. 陪伴交談討歡心

在回程的路上，母親盛讚賣柚子的老闆很有趣味，雖說那席話只是主客之間的對話，但是有那份能耐和老人家交談那麼久，那股溫情真教人難忘的。

現在做子女的人，就常忽略了給父母，這點溫馨的話語，常常誤以爲，孝順父母就是供給老人家，衣食溫飽就夠了，其實，人老了最害怕孤獨和寂寞了，他們多希望子女跟她聊聊天、說說話，即使是說些芝麻綠豆大的瑣事，老人家也會聽得津津有味的。

**他們倒是很喜歡你常在耳邊，絮絮叨叨地說個不停，好讓寂寞的心湖泛起些歡樂的漣漪呢！同時在交談中，他們也能感受到被關懷、受敬重的欣慰之情呢！**

俗話說：「**老小老小的。**」就是這個意思，人老了性情又會回復到童稚一般，很須要你這個成人去關愛他、逗樂他；就像我們年幼時，母親總是忍著性子，想盡辦法，說盡好話，哄我們不哭鬧，逗我們開心笑一樣啊！

## 6. 實現媽媽的美夢

有一年趁孩子放暑假，母親剛好要過七十歲生日，我邀請母親同赴日本旅遊，我們母女日夜相聚，談天說笑眞是開心極了。有家旅館出租和服供人拍照，我慫恿母親試穿看看，於是在百花盛開的花園裡，母親笑嘻嘻地，擺出各種姿勢讓我拍照，還頻頻問著：**站這樣好看嗎？坐這樣照起來漂亮嗎？**

整個上午時光，我一直欣賞母親滿心歡喜的神采，同伴們也稱讚母親的氣質和身材，穿起和服十分高尚、優雅。

母親還告訴我一個藏在心中的秘密，她說：

**在日據時代我唸小學時，看見老師的先生娘穿著和服，覺得非常好看秀麗，心裡十分羨慕；想不到今天也有機會穿一穿，滿足了童年的願望，真是做夢也沒想到啊！**

這次意外地讓母親，實現了童年的美夢，我也感到很欣慰。

## 7. 千山萬水總關情

平日從不曾仔細端詳母親的臉龐，只感覺她總是一副神采奕奕的模樣兒。這次旅途中，有機會幫母親打扮化妝時，才驚覺母親鬆弛的臉上已佈滿皺紋了，不由得心疼起來。

隨即一想：**母親這輩子，養育了七個兒女長大成人，其中還栽培五位讀大專，數十年含辛茹苦的歷程，歲月怎能不留下重重刻痕呢？**

每次替母親擦粉時，常因皺紋摺痕太深而抹不均勻，只好反覆塗散開來。有次母親笑著說：

從前有人做「四句聯」的打油詩，用來比喻皺紋很多的老態，很有趣喔！

於是母親一句一句的唸著：

**老身「老人」吃老七十九，臉皮捏景「生皺紋」不漏溝「沒間斷」；虎神「蒼蠅」望仔「蚊子」知停不知走，乎「被」老身挾一下吐腸頭「死翹翹」。**

母親笑吟吟地唸完，我也笑彎了腰，我一再誇讚母親腦筋很好、記性特別強；母親說：

這是孩童時學的，那時覺得很有趣，一學就記住了！想不到今天還想得起來；唉！才不過一眨眼，我自己也變成老人了，世間快要不借我住了！

我聽了母親感傷的話，又覺得母親真的一年比一年蒼老多了，心中一陣辛酸，眼角不由得濕潤起來，趕緊抽張化妝紙悄悄抹兩下，隨即轉開話題，談到別的樂事上頭了。

**媽媽！我要多多陪伴妳，好好的孝順妳喔！**

我很想對她這樣說，又怕太過唐突，只好多用行動來表現吧！

## 8. 怎會船過水無痕

記得有一回，我們到宜蘭的「南方澳」遊覽，港口就在車站旁，我們一下車，母親看到，停泊在港灣內幾十條漁船，嘖嘖讚賞，很是新奇壯觀，我們沿著岸邊一路觀賞過去，母親興奮的指指點點，比較那些船隻的外形大小、顏色異同等，如此說說、笑笑的並行著，不知何時兩人的手，已緊緊地牽握在一塊兒了。

霎時，我好像又重回到孩童的時光中；那時，母親的大手常把我的小手握得緊緊的，有了它的牽引，上街或過馬路時，我就不必擔驚受怕了；**依恃著它，我才能邁開大步迎向前去！**

如今已屆中年的我，此時此刻，猶能重溫往日膝下承歡的喜悅，該是多麼甜蜜的幸福呀！腦海裡突然浮現許多母親疼愛我的景象了，眼眶裡竟有些汁液在游移了，那是一種充滿被愛的感激之淚。

想到自己已嫁作他人婦，母女兩地相隔，那能常做母親跟前的小女兒呢！平日全靠電話問候、聊天，以解孺慕之情，就是偶爾同遊共樂，也須費心安排才能成行，想要多多回報親恩的心意，又常有著愧疚的無力感。

母親歡喜地說：

**喂喂！你看，那邊有一條船要出航了！**

母親的話把我從沉思中喚回來；我趕緊附和說：

**喔！有！有！我有看到了！**

母親開心地說：

妳看！那馬達聲蓬、蓬、蓬的響起，船就開始往前走了，船身捲起一波波雪白的浪花，好漂亮喔！

我突然有一個奇妙的聯想：母親就像是兒女的避風港，它有著港闊水深的胸懷，不管你是滿載而歸的幸運兒，或是斷桅而回的失意人，它都以平靜的心態接納你，提供你休憩，或撫慰你一番；然後又把自己默默承受的壓力，轉化成推動你前進的動力，送你遠航，也望你早歸！

母親接著又說：你看！那浪花一圈圈的滾盪開來，好好看喔！只可惜船走遠後，浪花就慢慢消失不見，水面又恢復平靜了。唉！古早人說：

**「船過水無痕！」，果然是真的，是真的啊！**

「船過水無痕」母親只是印證了一句俗話，但是卻讓我心頭一震；我很想告訴她：

**那水痕表面上雖然看不見，卻會永遠烙印在出航人的心版上的。**

媽媽！我很感謝你，您對我的恩情，比那一片大海更深啊！

**母愛恩情比海深　點滴照顧才長大**
**點水難報湧泉恩　盡心盡力回饋她**

# （三）薪火相傳

婆婆是一位標準的家庭主婦，而我在婚前一直是個「遠庖廚」的讀書人。自從當了婆婆的媳婦後，多年來的耳濡目染，對於扮演稱職的主婦角色，才算有了深切的體認；許多料理家務的訣竅，都是在她熱心的調教後，才逐漸熟悉的，譬如包粽子就是一個很好的例子。

## 1. 江湖一點訣

記得婚後第一次過端午節，婆婆在包粽子時，隨口問我：

**妳會包嗎？要是會就來幫幫忙吧！**

我為難地說：**不太會耶！這樣好了，妳再從頭教我，好嗎？**

婆婆欣然遞給我一份粽葉，然後就示範講解給我看；首先教我折拗粽葉的方法，接著便提示塡米的份量，加餡料的方法，以及塡末次米的要訣，要是塡過量就收不了粽口，塡過少則粽粒就瘦癟難看了。我試了幾次總是拿捏不準，一再把米粒撥進、撥出地斟酌著；婆婆瞧見我又慌又急的神情，便鼓勵著說：

**慢慢來嘛，一回生，二回熟，妳再多試幾遍就會了。**

壓軸的紮粽繩，更是一難；婆婆便再三提醒說：

**要記住粽繩是先從封口的粽葉上繞起才行。**

婆婆又示範了多次的分解動作，我亦步亦趨的模仿著，剎那間，我忽然開了竅，領悟出其中要訣了；歡欣之餘，就乘興一個接一個地包下去，越包越滿意。婆婆看得眉開眼笑，頻頻誇讚著，更樂得今後有媳婦當幫手，傳衣缽了。

她笑著說：**江湖一點訣，說破不值三分錢。**

可貴的是，她那份和顏悅色的教導和提攜之情啊！

## 2. 民以食爲天

婆婆大半輩子的時光都是在廚房裡度過的，從前鄉下老家種了好幾甲稻田，每逢插秧、除草、割稻等農忙時期，常須僱請一、二十個工人來幫忙，並且要供給膳食；做粗活的人，體力消耗很大，肚子餓了，做事就提不起勁，因此除了三餐外，早、午間還要各加一頓點心。這時家中大小，都上田裡做事了，因此這五頓飯全靠婆婆獨自料理。

每天一大早，在家安排給工人吃過早餐後，隨卽要準備點心，趕在十點時挑到田裡去「野餐」，等挑回空飯籃回到家，就先丟下滿桶油膩的碗筷，趕緊先洗米下鍋煮中飯了。如此煮煮、吃吃，再洗一洗，循環式的工作，就是婆婆生活的全部內容了。

## 3. 媳婦熬成婆

每做一頓飯，下鍋前得把各種葷、素菜料分項加以剝仁、去皮、刮鱗或摘除黃葉等，接著再分別洗淨、切段或切塊等備好；等到爐灶火一生起，就接連地在大鼎、小鼎及鍋子裡同時煎、炒、煮或炸起來了。

這時只見握緊鍋鏟的巧手不停地在鍋、鼎間揮炒、翻拌，兩腳頻頻走到灶前塡柴火；眼看菜色，耳聽滾鍋湯聲，腦海裡更要時刻記掛著，鍋、鼎中菜餚的火侯情況，以便適時加以調理，例如那道菜該翻炒兩下子了？那鍋湯須塡進配料，或那條魚該起鍋裝盤了。正在忙得不可開交的時段，偶然傳來了滴答滴答，老掛鐘的報時聲，更像是倒數計時般，催得廚娘心兒急，汗水直直流不停了。

## 4. 炊事要趁早

多年媳婦熬成婆，幾十年的掌廚經驗，使婆婆成爲烹調高手；即使平日料理三餐，也是做得又快又好吃。記得我訂婚後，第一次到婆家拜訪；我到達後，婆婆一直陪著大夥兒在客廳聊天，直到近午時，她說要去廚房一會兒，可是過沒多久，她就宣布要開飯了，我當時好奇地看一下錶，還沒到十二點鐘呢！

多年後我跟婆婆聊天時，盛讚那初次作客的好印象；婆婆笑著說：**早吃也一頓，晚吃也是一頓嘛！婦人家做三餐，寧願早不要遲，延誤了吃飯時間，家人就會心煩氣躁，也會影響吃飯的胃口的。**

據我觀察，婆婆的要訣就是「化整爲零」的手法。譬如今天中午要請客了，婆婆一早就把雞、鴨宰殺並烹調好，要上菜前再切塊裝盤；有些要文火慢燉、久滷的菜餚，也都儘早下鍋煮熟，屆時再開火加熱一下就行；青菜則先洗、切好，到時候猛火快炒幾下就得了。

如此及早分散工作，客人一到，再處理一下，便可從容上桌，就可達到賓主盡歡了。很多笨拙廚娘往往等到客人駕臨後，才開始進廚房生火備料，怎不忙得團團轉，而且讓客人，等候得飢腸轆轆呢！

## 5. 生活藝術家

每逢過年、過節時，更是婆婆展現不凡手藝的時機，不論炊粿、包粽、搓湯圓、蒸各式糕點，無一不是做得精美可口，風味絕佳呢！譬如清明節做紅龜粿，從揉拌粿皮、分小粉團、包餡到印粿模等過程，婆婆一再叮嚀：「粿皮要捏得越薄越好，餡料要擺佈均勻，粿邊要留小一些，周邊要圓滑，要工整。」許多細微之處都十分講究，她那份專注、敬業的態度，就像藝術家在精雕細琢一件，傳世作品一樣。

我們婆媳兩人圍著竹篾邊動手邊聊天，有時談起故鄉親友的近況，或說說兒孫們的趣事；有時婆婆會轉述許多應景的民間故事、逸聞趣談給我聽，於是在談笑間一個個油亮又飽滿的紅龜粿，已滿佈在竹篾上了。

浮凸的龜模印子，圖案十分典雅細緻；棗紅的紅龜粿，底下襯墊著翠綠的蕉葉，自然又生動的搭配，簡直就是一幅鮮活、亮麗的寫實畫嘛！此時，交融在我們婆媳間的溫馨情趣，恰似蒸籠上漫騰的熱氣，正一波波地溢開來呢！

婆婆平日烹調，也很留意「做工」；她常說：**「寸菜，寸菜。」**可見她切菜很重分寸。豆腐切得方方正正，煎魚則頭尾完好美觀，滾刀切的筍塊、芋頭、茄子如出一轍，更是獨門絕活呢！

平日配菜也像藝術家擅於運用色彩一樣，講究對比、調和及濃淡烘托等效果；日常炒菜總要加入些適當的配料，像蔥段、蒜仁、薑絲、蝦米、肉絲等，這些調味料，不僅使菜餚變得色、香、味俱佳，更能收到「畫龍點睛」的視覺之美呢！

有人說：**烹調是一項融合了眞－都是眞材實料，善－善用烹調技巧，美－美色、美味、美觀的綜合藝術品。婆婆能時刻留意把藝術融進生活裡，她眞是一位高竿的生活藝術家啊！**

## 6. 人人皆我師

有人說研究骨董、中醫、平劇是無法畢業的，我想烹調菜餚的技巧也是一樣的。因爲台菜作料多，食譜更是千百種；婆婆精湛的烹調手藝也是靠不斷學習得來的。

婆婆曾告訴過我有關她學習的故事，一個是蒸甜米糕的事：有一次，偶然看見客家婦女在蒸甜米糕，是先把糯米蒸熟後再拌上糖就行了，十分簡便；而婆婆原先是根據傳統的蒸法，把糯米和糖攪和放一起蒸，這種方法很費時又費柴火，而且米粒熟度不易控制。自從婆婆學會了新法後，伯母、嬸嬸們也紛紛向她請教呢！

## 7. 三日入廚下

故鄉有戶人家娶了一個媳婦，那媳婦是日據時代高等女子學校的畢業生；在當時女孩子，能有這樣高學歷是很稀罕的事。誰知道這個媳婦在娘家時只會讀書，不肯學家事，結婚後，三日入廚下，端上餐桌的是焦黑的米飯和鹹淡不對勁的菜餚。

有一天，她婆婆叫她去宰雞；那位「高女媳婦」竟然只拔清雞毛後，就把整隻雞丟進大鍋煮了，卻不知要先剖肚取出內臟，及清除穢物呢！她婆婆氣得咬牙又跺腳的破口大罵，從此禁止兒子和媳婦同房，那位媳婦受此打擊後，就因憂傷過度而病死了。

當時曾流行一句押韻的台語：「高女，高女！愛吃不愛煮。」便是諷刺有些仗恃學歷很高，就不屑做家事的女人。實際上，許多家常菜的烹調知識，是靠平日的親身歷練，和用心的觀察學習而得來的。

曾經有一則笑話，說有一位笨媳婦，因爲無法適應料理菜餚的千變萬化，反而埋怨婆婆說：

**苦瓜貓貓「皺皺」的，削皮你也罵；瓠仔金金「光滑」的，不削皮你也要罵。**

頗有主婦難爲之嘆！婆婆也常說：

**煮飯事，活到老，學到老，學不完。**

## 8. 沒樣自己想

一般家中烹調的三餐，都是用常見的魚、肉及應時的蔬菜做成的，而且天天煮，頓頓吃，如果不在烹調方式上多加變化，便容易流於單調、乏味而影響食慾。因此烹調時，就得多用點心思，在平常中求變化；所謂「**平常物，非常相**」便是。

婆婆在這方面的成就更是出類拔萃。譬如說，婆婆能用蛋類調配做成的菜餚，就有二、三十種之多，像蒸蛋就有加放洋蔥丁、肉末、醃瓜、蝦仁、干貝、蛤仔、蚵仔乾等副料；煎蛋時調入的有花生粉、絞肉、火腿、蔥珠、蘿蔔乾等；還有用蛋皮包裹葷、素菜料，再加以蒸、炸的，更是多樣化，又多變化耶！

此外，像油淋應菜、蔥燒茄子、酸筍豬腳等拿手好菜，都是風味獨特，有口皆碑的。我在讚賞之餘，也常問她怎麼會有這麼高的本事呢？婆婆總是笑著說：**「有樣看樣，沒樣自己想！」**

## 9. 要飽家常飯

婆婆曾說：「婦人若不愛倚「靠近」鍋灶，家人就沒口福了。」在幾十年前的鄉村，年節是很少人賣粿粽或糕點的；主婦要是自己不會做，家中大小就只有乾瞪眼，看著別人吃美食的份啦！

雖然，在今天工商發達的社會裡，餐廳、飯店、飲食店、小吃攤等，隨時都能供應各種糕點，甚至連日常三餐都可由飯館、自助餐或速食店爲你包辦。

但是商業化的商品爲了顧及賣相、口味、保鮮或耐藏等目的，總是多少會摻入些色素、糖精、防腐劑等添加物，不像家中主婦專爲家人而烹調的食物，能兼顧新鮮、營養和衛生。

此外，從進餐的環境、心情和氣氛來看，餐館還是永遠無法完全取代，家中餐廳的地位的。

**因此有家就應該有餐廳，有餐廳就該有廚房，有廚房就不該讓爐灶閒擱著！看來婆婆的見解，至今仍是個顛撲不破的眞理呢！**

曾經有一對西洋夫妻，在慶祝結婚五十週年的紀念會上，記者問他們：「用什麼來維繫婚姻？」，太太說：「誠實、愛情，和努力工作。」她的丈夫立刻接口說：**「還有許多可口的家常菜！」**華人也有諺語：**「要贏得先生的心，先掌握他的胃！」**

吃一頓飯並不是件大事，吃一輩子的飯則不該小看喔！

## 10. 吃飯皇帝大

婆婆很注重進餐的環境和氣氛的，清爽的餐廳擺著潔淨的桌椅，餐桌上除了菜餚及佐料外別無其他雜物；大夥兒要吃飯時，先來的要替每個人添好飯，擺好筷子，等大家都到齊、坐定了才開飯。

如果有那個人外出，沒能趕上開飯時間，也要爲他備好一份碗筷擺放桌位上，並另用盤子先爲他留下一份菜餚，讓他感覺不是吃剩菜殘羹；這些不成文的家規，充分顯示了家人彼此間的關懷、互助和尊重的情感，也更提升了家中成員的親密感和向心力。

婆婆常引用俗語說：**「吃飯皇帝大。」**因此飯桌上絕口不談工作，不談煩惱事，也不可責罵孩子等，有什麼天大的事情，等吃過了飯再說；吃飯要從容不迫，不應囫圇吞食，工作再怎麼忙，也不差這頓飯的時間。一家人團聚在一塊兒，有說有笑地享受佳餚美食，洋溢著愉快、融洽的氣氛，這些共識，也頗符合現代所講求的，飲食心理衛生的原則。

此外，像養成良好的用餐禮貌，注意「坐樣」及「吃相」，對於孩子喜歡爭搶美食，則溫和地勸說：**「相爭不足，相讓有餘。」**這些也是平日為人處世之道啊！

## 11. 一家像一業

在婆婆的觀念裡，認為主婦掌理一個家庭，就像經營一項企業一樣；要兢兢業業，克盡職責，才能使「家業」蒸蒸日上，家中成員蒙受其惠。

她常說：**「查埔**(男人)**賺，查某**(女人)**按。」**意思是說男人在外會賺錢，還得女人持家會理財。女人支配家用，務必儉省為要，量入為出，才能使家庭經濟在穩定中不斷成長。

古人曾說：**「大丈夫一日無妻，如屋之無樑也。」**

西洋人也有名言：**「妻子的所在地，便是丈夫的伊甸園。」**

這些都說明了家庭主婦的重要性。

**「一家一業」的說法，正是加重了主婦的責任感和重要性**；業雖有大小之分，卻無輕重之別，猶如麻雀雖小，卻五臟俱全一樣。家中平日生活事務，總是細瑣繁雜，主婦必須隨時隨地，用心盡力去處理，以求做到盡善盡美之境地。

一項企業猶有上、下班的工作時限，而家提供的幾乎是全天候的服務，所以有人說：家是無法打烊的；「家」既不能暫停營業，那家庭主婦那得休假呢？

婆婆常說：**「爐灶不生火，屋裡沒點燈，就不像個家。」**適時準備溫熱可口的食物，夜晚點起領航的燈光，確是為人妻，為人母的主婦，一項責無旁貸的天職啊！

## 12. 飲水要思源

每逢年節或祖先忌日，婆婆總會準備豐盛的食物祭拜；除了提早製作應節的粽、粿或糕點外，屆時更烹調許多佳餚，特別油炸可口的葷、素菜盤以添菜色，最常炸的有肉丸、雞捲、花枝條、茄子片、菠菜捲、韮菜盒子等，至於像西點中的炸薯條、炸洋芋片、炸洋蔥圈等，早在幾十年前就已是婆婆的拿手菜了。

每當油鍋生火炸東西時，我們婆媳立刻組成一隊好搭檔；婆婆忙著調料、沾粉、下鍋，我就在旁負責翻熟、撈起、裝盤，如此一貫作業，操作起來得心應手，眞是一組最佳拍檔呢！

每當等待火候的空檔，我倆便圍爐漫談，或說烹飪法或話家常事，在愉快的談笑間，一盤盤香噴噴的好菜，便呈現眼前了。

婆婆對敬拜神明或祭祀祖先都十分虔誠，她常說：**「敬神如神在，祭祖如祖在」**。又說：**「吃果子要拜樹頭、飲水要思源。」**

意思就是叫兒孫們不要忘祖、不可忘本。每當婆婆舉香禱告時，總是先感謝祖先恩德，再祈求保佑兒孫平安；隨卽坐在廳堂上，對大家講述先人生前的嘉言懿行，尤其對祖父、祖母白手起家之事蹟，以及公公艱苦立業之奮鬥精神，都加以深刻的描述，彷彿祖先親臨教誨般的眞切感人，使我們深深體認到，身負承先啟後的重任。

**這種藉著紀念的儀式，來追述及闡揚先人的德行，可說是眞正把握了祭祖的精髓了。**

如今痛失婆婆的言教、身教已近三年了，謹在忌日前夕，追憶婆婆教誨之二、三事，撰述爲文，以資感謝，亦盡力傳承婆婆之遺風。

祖先神桌案前，爐上香煙裊裊，象徵著「源遠流長」的感恩情懷；而爐灶上漫騰的炊煙，更顯示了「薪火相傳」的實質意義。

**婆婆是賢婦典範　教我百事益處多**
**以身作則教兒媳　敬愛感恩懷念多**

# (四)感恩的心 道謝的行

最近幾年來，我常常會回想起許多往事，尤其是那些曾經給我溫情或恩惠，令我十分感動的貴人，那是我生命中最珍貴的資產，我都渴望能向她們當面道謝一番。

下面兩件難忘的事，就是我親身的經歷：

## 1. 尋找恩人費苦心

民國五十幾年，我考上「國立台灣師大」後，八月底就要來台北報到入學，因一時租不到房子，所以，新生訓練約一個禮拜，我二哥就設法安排，暫住在他唸高中許同學的表姊家。因此，我每天早上必須從信義路的住處，經杭州南路再往和平東路的學校，參加新生訓練課程。

那時，我高中同學莊蘭芳，也跟我同時考上師大，她則是住在姊姊家，她姊姊是在杭州南路開設「白鐵號」商店。因此，我每天早上路過時，就邀她一起上學，我跟她姊姊一家人，也只有幾次見面寒暄之緣而已。

我一直還深深記得，那一年的中秋節，我應她姊姊邀請，就跟隨她家人及蘭芳，去台北縣的金山「野柳風景區」遊玩的印象。

早期的野柳還保持很原始的風貌，記得我們還在入口處叫「燕子口」的景點前照相，那個洞穴四周還長滿多叢的林投樹呢！我們也拍下好幾張玩水的鏡頭，以及全體的合照呢！

那一天一起出遊的種種景象，一直清晰地深藏在腦海裏，每次回憶時，內心就湧起十分溫馨的甜蜜感，更感謝他們對我的疼愛和盛情招待。

我畢業後就離開台北市，回到彰化家鄉的國中任教，接著經歷轉職、結婚、生子等歷程，因此，跟她們已失聯很多年了，但是心中仍然很想念和感謝她們。

多年後，我遷居台北市時，曾專程去原址探望她們，卻發現她們違建的鐵皮屋，已改建成公寓了，只好失望而回了。而莊同學也多年沒音訊了，只聽說他在花蓮的國中任教。

有一次高中同學會，遇見林德坤同學，他為人很熱情，他常跟散居各地的同學聯絡。我特別請他幫忙打聽莊蘭芳同學的消息；過了好一段時間，都渺無回音。

## 2. 斷線風箏連接起

正感絕望時，有一天，他忽然來電告訴我，說莊蘭芳現住在台中，並給我電話，我眞是喜出望外；我想，只要找到她，就能找到她姊姊了。

我先打電話跟莊蘭芳聯絡後，就約定好時間，專程去台中探望她，我除贈送我寫的「及時的愛」一書外，還特別送她一盒著名的「蘋果派」，那是我剛從日本的青森縣旅遊，千里迢迢，特別帶回來的名產。

他們夫婦都是我的高中同班同學，很熱情地款待我；分別快五十年後又重相逢，恍如在夢中，我也當面一再感謝她說，我是托她的福氣，才有那次的「野柳之行」。

我也請她先打個電話給她姊姊，說我很想去拜訪她們，以表達謝意，我開玩笑地說：

**請你先跟她報備一聲，要不然，她突然接到我的電話，怕會誤以爲是「詐騙集團」呢！**

逗得大家都哈哈大笑了！

原來莊大姊也住在台北市，我先打電話問候，並跟她們約好拜訪的時間；見面那天，我費心準備很名貴的伴手禮，就懷著興奮的心情登府拜訪，見面的一剎那，我高興得禁不住驚喜地，脫口大聲叫她「姊姊」，她立刻跟我擁抱起來。

他們夫婦很親切地招呼我，還準備多盤的水果要招待我，熱烈寒暄坐定後，我說：

**我找你們已經找了很多年了，今天看到姊夫、姊姊都很健康，眞是太高興了！我一直記得你們當時給我的恩情。今天特別來跟姊夫和姊姊道謝，謝謝你們當年的熱情招待。**

她倆一再推辭說：這也談不上甚麼恩情啦！我們只是順便帶你，一齊去遊玩而已！

我說：你們太客氣了，那時候，我剛從中部的彰化上來台北，人生地不熟，又舉目無親的，尤其是碰到人家都跟親人團聚，慶祝佳節時，我更加思念家人，也想回彰化老家，卻又捨不得花費車錢，在那個很孤單、寂寞的時刻，你們慷慨又大方地邀請我，一齊去野柳海邊遊玩，給了我深深的溫暖，和滿心的歡喜，能享受到跟親人聚會一樣的滿足，眞是很謝謝你們的熱心款待了。

## 3. 共享回憶感謝多

當我拿出當年的照片來給他們看時，想不到他們竟也秀出好幾張同樣的。

姊姊還說：自從知道你要來，我們就翻箱倒櫃找了好幾天，好不容易才找到這些，好珍貴耶！

於是我們一齊觀賞照片，也一面說說笑笑，回憶當時玩樂的種種情景。我又說：

**記得當時姊姊是自己做飯糰，帶去中午當野餐的，姊姊手藝很巧，那飯糰十分好吃喔！現在想起來，都還記得那份甜美的滋味呢！眞是很謝謝姊夫和姊姊的恩情啦！**

姊夫馬上接口說：對！對！我們那時候出去玩，都是自己帶飯糰去吃的，省事又省錢嘛！

姊夫的話，也讓我印證了一件事，就是當時他們住的是違建的鐵皮屋，工作收入也很有限，生活很節儉；而我也僅是他妹妹的同學，在他們經濟不是很寬裕的情況裏，他們還會樂意招待外人一起去出遊，他們的慷慨和愛心，就更顯得格外難得可貴了。

我還跟她們提起說：我一直都記得，那天晚上都七、八點很晚了，我們還在站牌下排隊，等客運車坐回台北時，我抬頭發現月亮又大又圓又明亮！那是我這輩子看過最漂亮的月姑娘呢！

姊姊笑著誇口說：你的記性怎麼那麼好啊！

我說：**也不是我記性多好，而是那次美好的印象實在太深刻了，眞的很感謝你們，熱情的邀請和招待啦！**

這次歡聚的時間結束時，他兩一直要請我留下吃晚飯；我說：

等下次蘭芳他們夫妻來台北時，我請大家去飯店吃大餐，那時再來慶祝大團圓吧！

那時剛好是農曆春節，於是我準備一個紅包要送姊姊，她一直推辭不肯收下。我堅持說：

**就當作是妹妹過年時，孝敬和祝福您的一點誠意啦！**

我們都依依不捨地道別，並約定要時常聯絡或聚會。

**先賢說：吃人一口，還人一斗。**

**又說：受人點水之恩，自當湧泉以報。**

我希望在我晚年間，都能盡力做到這一點，盡力尋找並回報曾經幫助過我，或給我恩惠的人，因爲那份恩惠在當下是無價的、萬分珍貴的，也是最值得我這輩子，深深感激和道謝的人。

## 4. 及時說謝免遺憾

那一年，我婆婆在台北仙逝後，我們是返回彰化老家舉辦告別式的。婆婆過去在家鄉的人緣很好，許多親友都來追悼送別。等辦好一切後事後，我們要回台北當天清早，芙蓉堂嫂又來我家話別，並遞給我一份物品說：

**這一擔白米和柴枝，你帶回台北，供奉在「春嬸」—她對我婆婆的尊稱—的靈桌上，等百日後，再焚燒給她使用。**

我接過手時，當場感動地放聲大哭，並一再跟她致謝。

我仔細看看，是用一根小樹枝當扁擔，左右兩端各挑著一小包白米和一小綑細柴枝；她說是：

**要給你婆婆在天上煮飯好用的。**

這份溫馨的重禮，我一直感念在心頭。

後來幾次回老家時，先後得知，她已搬家到台中縣的郊區，也歷經喪偶、開店、獨子早逝等許多變故了。而且跟家鄉的親友也少有聯絡了。

我很想要去探望她，看她別後可一切安好?更重要的是，當面謝謝她，當年爲我婆婆所準備的貼心用品。我們積極輾轉打聽多次後，才獲知她的住址；聯絡上她後，就跟她約定要去拜訪的時間。

那一天，我們專程去台中探望她；我帶著準備好的禮物，外子和我一起開車前往，在郊區的路上，曾請問過好幾個店家或路人，所說地址的路線都不相同，讓我們來回折騰了三、四趟的路，最後才在迂迴山路盡頭的小社區裡找到，原來她遷居到很偏僻，名叫「台鳳新村」的小山崗上了。

久別重逢，她很興奮地緊緊擁抱我，激動的淚眼中，還微笑著說：「看到你眞歡喜！眞歡喜啊！」

我重提那次她爲我婆婆，所做的善行美意的事，讓我萬分感謝和感動，更時常感念掛記在心頭。我緊握她的雙手，再三跟她說：謝謝！眞感謝你疼惜我媽媽！

她一再微笑謙辭著。

我們互相疊握著雙手，開心地交談，我得知她晚年身體還蠻安康的，生活也很安定，媳婦和孫子都很孝順；我眞爲她感到欣慰；**更放下了我多年來的牽掛。離別時，彼此都依依不捨，再緊緊擁抱久久，我邀請他來台北遊玩，她的眼角又泛出閃閃淚光，並相約他日再歡聚。**

很意外地，隔年她竟驟然往生了，我很惋惜、難過和不捨；唯一稍感安慰的是，還好，我有及時去跟她道謝，才沒有留下永遠的遺憾！

**慶幸恩人能找到　重提舊情受惠多**

**感恩親口對她說　道謝盡早莫蹉跎**

# （五）溫情處處有

我在兒子家的社區，常帶孫子外出散步，有一次，看見一位年長的婦人，正在打掃馬路和庭園，我主動稱讚她說：

**歐巴桑，妳掃地很乾淨，謝謝妳喔！**

她微笑地說：**不客氣啦！這是我本份要做的事啦！**

此後遇見時，就會互相問候或聊幾句。主動善意的關懷常是友誼的開始，她也會一邊掃地，一邊跟我談起，她臨老還出來工作的苦衷。

我除了先接納她的心情外，再安慰她說：

沒關係啦！這樣出來上班做事，不但有收入，還可運動一下，身體會更健康啊！總比整天待在家裡，閒閒沒事做，光看電視變成給電視看，要好多啦！

她微笑著點點頭同意了。

## 1. 有交情才有感情

有一天早上，天空下著小雨，我因急著要去和媳婦接班帶孫子，外子就先把車停靠路邊，讓我提前下車，我衝到後行李箱要拿雨傘，不小心傘尾竟勾出一頂防曬帽子；正在附近打掃的那位婦人，立刻大聲喊著說：

**太太！妳的帽子掉到地上了！**

我回頭一瞧，果然是我最愛戴的那頂，趕忙拾起，並一再跟她道謝。

丟了一頂心愛的帽子，雖是很可惜的小事；但因跟她有認識，才有交情，她才會注意到我，及時提醒我，這份人情真讓我感到很大的溫暖。

## 2. 利人利己大家樂

我自己在台北住的社區，每次在門廳或電梯間碰到鄰居，總是主動微笑問候或打招呼說：「**早安！或你好！**」

給人一點溫暖，也是好事一樁。尤其對大樓的管理員，每次跟他微笑點個頭，或說早、道好，他們都露出歡欣的笑容，也是表達對他們的謝意或尊重。常常看到的熟悉陌生人，你對他微笑，他也回你一笑，彼此感覺多愉快呀！

我曾見一位辦公大樓的管理員，每天早上站在門口外，對著進大門的上班族，輪流舉起左或右手揮動兩下子，笑著打招呼，我稱讚他很親切有禮，他卻說：

**我是他們進辦公室前，最早看到的人，給人一個笑容，問候一句，讓他們開始美好的一天啊！**

他又說：何況我每天舉高左或右手臂揮動，也是一項很好健身運動呢！像我們工作責任這麼大，保持健康的身心，才會過得天天開心啊！

他這份樂觀又敬業的職人，實在可貴又可敬耶！

## 3. 冷漠會帶來寂寞

現在住在都市大樓或公寓的住戶或鄰居，共用同一個電梯或樓梯，而且同一個大門進出，你家的地板就是我家的天花板，生活設施更是息息相關，彼此感情理應親如住同一宅院的大家族才是。

可是，往往因生活太匆忙，或缺乏人情味，常常碰到住戶或鄰居都懶得打招呼，互相問候、關懷一下，甚至有人老死不相往來。大家都板著一張冷漠的臉孔，擺出一副視而不見的態度；以致人際關係疏離，成爲社會孤島現象，這也是現代人感到孤獨、寂寞和不快樂的原因吧！

## 4. 熱情回報救一命

曾有一個眞實的故事，就是在二次大戰時，德國納粹軍人常常憑喜怒直覺，無理殺害很多猶太人，有一個人叫安德烈，他平日常跟見面的左右鄰居，主動打招呼，說早道好；但卻有一位希特勒的納粹軍官，態度很高傲，對他的好意，不予理會，從來沒給回應，但他還是照常熱情地，跟那軍官打招呼。

後來，安德烈被莫名關入集中營。有一天，突然軍方要把囚犯分成兩部分，準備處死的就叫他站左邊，可放生能活命的就站右邊，執行生死大權的正是那位鄰居軍官，輪到安德烈走到面前，就對那軍人跟往常一樣說：**哈囉！早安，我是安德烈。**

一聽到那麼熟悉的問候聲，他想起正是那位親切的鄰居，他遲疑一下，立刻把手指向右邊，安德列才能幸運保命下來。認識三分情，竟能救你一命，多麼値得啊！

## 5. 近鄰互助機會多

我自己也親身經歷過一件事，我常把幾盆需要充足陽光的花樹，搬到十四樓的頂樓上曬太陽。有一天，我去澆水時，遇到一位小學生，他也來替盆中的小豆苗澆水。

我隨口招呼他說：小弟弟，你住幾樓？

他答：我住xx樓。

我說：**阿姨也是住在你家對面，以後我們就是好鄰居喔！**

原來他是新搬來的住戶。

我又問：你種豆苗是爲了學校，自然課要觀察的嗎？

他說：對啊！老師規定要種的。

交談幾句後，我們就分別回家了。

過兩天傍晚，我聽到門外有急促的「碰！碰！碰！」的敲門聲，有小孩在門外喊著：**「阿姨！阿姨！要拜託你啦！」**

我趕緊開門一看，是個小男孩。

他說：**「阿姨！我表哥被關在頂樓門外，他叫我來請你，趕快去幫他開門啦！」**

我立刻跟他上樓去看，原來他去澆水時，推開厚重的後門後，沒用支架套住牆邊的固定插柱。忽被一陣大風吹來，就被緊緊關閉了；而他的表弟還太小，沒力氣從裏面再推開，只好喊他來請我幫忙。

幸好，前幾天我倆有交談認識一下，他才知道我的住處，就叫表弟來求助；否則，他不知道要被關在頂樓多久呢！

鄰居嘛！總會遇到緊急求援的要事，這眞是印證了古人說：**遠親不如近鄰，近鄰不如對門！**

**守望相助睦鄰好　有交情才有感情**

**微笑招呼表善意　人間處處有溫馨**

# （六）遇到腦筋撞牆時

最近我正在寫我的回憶錄，每天在家都要打電腦，每當疲累了，需要休息時，最簡便的方法，就是整理我家陽台種的盆花，澆水、拔雜草、剪雜枝等，或是去廚房準備烹煮餐食的備料，像淘米、洗菜、醃肉等前置作業。**變換工作就是休息嘛！做些勞力的家事，讓勞心的頭腦，也暫時關機了。**

若是遇到文思枯竭、或靈感不順，例如要寫某一個事件，內容摘要早已有了，但不知要從何處切入下筆，也就是腦筋撞牆時；這時我會發狠勁，乾脆遠離書桌，拋開苦思煎熬，離家外出，遊玩兼運動去啦！

## 1. 海潮美景超開心

今年十二月份起，因台北市的老人優待票，也可用扣點免費搭乘捷運，所以我就搭信義線到終點「淡水站」，走到海邊的「淡水金色水岸」，沿著約一公里的海岸線快走或慢跑，看著藍白的滾滾海浪，心情就非常輕鬆、舒暢起來！

幸運時，也可欣賞到落日的萬道彩霞，那像一團火球般的太陽，看起來比平地看到的落日，更大更美喔！

這時，忽讓我聯想起，有一回傍晚，走在台中縣的遊園南路時，也湊巧看到大馬路盡頭，一幅懸掛在海面又大又圓的落日美景，我幾乎是驚叫地提醒女兒，指著要她趕快、快一點看啦！

那一次，是要陪女兒去考X大的研究所，我們是要去借住那裏的親戚家，才有機緣看到那份奇觀；怎麼才一轉眼，女兒已經從台大研究所畢業，又去日本東京大學進修，現已回國就業，還結婚生子啦！

腦海中也閃過，當年曾旅遊到菲律賓的馬尼拉，欣賞很著名**「落日大道」**的闊氣景緻。

好奇妙喔！人腦中的意念或聯想，竟可以跨越時、空，在轉瞬間就跳動、轉換不同的場景耶！這樣觸景生情，隨興回味人生許多的美好景象，竟讓我完全忘掉了，先前腦筋打結的苦惱了！

如果，有遊客在106年夏秋之際，在「淡水金色水岸」，看到一位年長的婦人，不！不！是：

**請看我的年輕，不要問我的年齡！**

**請看我的活力，不要問我的年紀！**

說不定，也看不出是位資深媽媽喔！她揹著背包，健步來回地慢跑著，請不要太介意，她是爲了放空腦袋、鍛鍊身心、尋找靈感或貪戀美景而來的啦！

其實，我未免太自作多情了，芸芸衆生，大家各自行色匆匆，自顧不暇了，誰還會去管你是誰?或你在做什事呢? 如果您同意我的觀察，就請開懷一笑吧！哈！哈！哈！

快到終點時，岸邊一處平台牆邊，掛著一張新北市政府的政令宣導紅布條，上面寫著：

**換個角度看，人生風景就會不一樣了。**

趕緊抄下這麼好的箴言。的確，生活遇到瓶頸或困難時，是需要換個角度去看看，藉著改變環境，就能轉換心境。就像我現在看到美麗、寬闊的海景，就感覺身心壓力都釋放掉了，忘記先前的苦悶和煩惱了，整個人都變得好輕鬆、很愉悅了。這也是我當下，就印證那兩句話的實例耶！

## 2. 碧潭快走我最愛

有時，我會搭捷運「新店線」，到終點新店站旁的「碧潭風景區」，沿著潭邊慢跑或快走，一面欣賞穿梭的各式遊艇，和對岸「小赤壁」的青翠山巒，偶而，碰上好天氣的傍晚，還可看到樹梢上的新月，讓我聯想起「**月上柳梢頭，人約黃昏後**」古詩的意境，如此，也別有一番景緻，因此，緊繃的身、心也就跟著鬆懈下來了。

來回跑幾趟後，直到天色昏暗了，便坐上岸邊台階欣賞夜景，或到高處的餐飲區去吃晚餐，抬頭欣賞吊橋上閃爍的燈景，感受一下夜景的魅力。

有一回，慢跑到最上游的源頭處，發現竟有渡船可搭到對岸，我已問好搭船行情，有機會一定要去坐看看，好玩嘛！

還有，渡船頭旁的涼亭，用大理石刻了一首，作家席慕蓉寫的「渡口」的現代詩，我頌讀再三，寫的很感性優雅耶！

我眞是個好奇寶寶，對很多新鮮事，都喜歡去探索、體驗一番，一時竟忘了我是誰啦！

## 3. 爬山好處可眞多

如果遇到好天氣，我也會去爬小山，我只要坐一趟公車，就可到郊區象山的「永春崗步道」，行走在滿山高大綠樹的幽徑，讓疲憊又乾澀的雙眼，像眼睛吃冰淇淋般的清爽！更能吸收樹木釋放，那有益人體的芬多精呢！

爬在階梯的山路，也是爲了訓練呼吸急促些、多喘喘氣，加強心肺功能，爲明年「環遊世界之旅」的美夢，培養體力和耐力；還有，人在運動呼吸稍快時，大腦就會因輕微缺氧而無法思考，頭腦就可放空、休息一下。這也是我調劑身心的妙法。

台北冬天，有時整天陰雨綿綿，情緒也跟著盪到谷底，外出運動不便時，我只好在住處爬樓梯，從一樓爬上頂樓，再搭電梯回一樓，重複多爬幾趟，就能感覺身心舒暢多了。

我就是愛讀書、喜歡學習各方面的學識，遇到煩惱或困惑時，就能爲自己找到解方妙法，盡快設法消除不良情緒。

## 4. 尋找生命的動能

我聯想起兩句話：

**(1)成長是自救，成熟是救人！**

**(2)讀書是有用的，只要你能充分應用！**

爲了激勵自己的毅力和鬥志，我也寫一張「座右銘」貼在書房牆上：**(1)因使命而出生 (2)因使命而寫作**

**(3)爲理想而奮力 (4)爲圓夢而快樂**

經由以上那些活動，心情很快就又High起來，我又變回一尾活龍，日子重新過得朝氣、活潑起來了。事實上，你看書或聽演講的心得，就是要多多轉化及應用在生活中，讓你遇到困難或挫折，心情不佳時，才能自我覺察，設法找到脫困方法，重新激起我對生命的動能，繼續完成我巨大的夢想工程，就是努力寫完我的回憶錄。

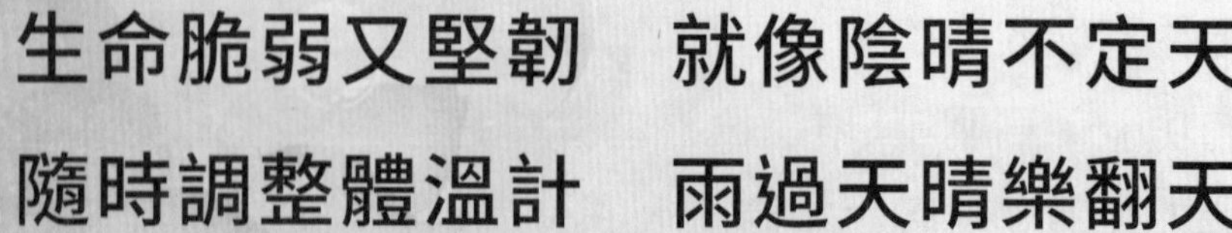




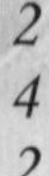

# （七）一事能成萬人助

我撰寫那本「行萬里路 勝讀萬卷書 環遊世界 超讚！」的遊記，可說是「傾蠻荒之力」的創作，過程十分艱辛，且長達兩、三年才寫好，還蒙受過多位貴人相助，才得以順利完成出書。曾有多次都想放棄不寫了，其間過程的曲折，我且摘要述說如下：

## 1. 篩選照片費思量

我的旅程經過21個國家，停靠24個港口，且達108天之久；一共拍了1500多張照片，先擇要沖洗出6百多張出來，分裝成4大本厚重大相簿，經過很多次來回精挑細選，我的原則是：到過的國家或地區，要有一、兩張代表照；且其取、捨標準是需要拍得漂亮的，像角度好、畫面美、景物清，更要能呈現當地的特色，以及畫面的主題要凸顯些，才能清晰觀賞美麗景物！

因此，常會選好了又刪除，刪掉的又重撿回來用，如此反覆挑選很多遍，而且更換過的照片，其排版和旁白也還要跟著它改換；同時，還需配合版面及印刷，所使用紙張的份數，才可避免浪費最後一台的剩紙。結果到最後，才決定選用最精采310張了。還拜託美工先生細心修圖，切掉小部分多餘的畫面或邊緣，去蕪存菁一番呢！

又為了方便讀者清楚觀賞美景，我考慮「**圖大好看**」，就使用規格約3 X 5公分的大張照片；內容文字也採用13級號的圓體字，也是考量到「**字大保眼**」嘛！方便讀者看得輕鬆，不須很費眼力啦！由於考量到這兩項要素，就必須增加很多印製的紙張和油墨等原料，我也不惜多花成本費用，印成18開288頁的大本書啦！

## 2. 寫旁白絞盡腦汁

一般人觀賞遊記，最喜歡看的就是照片，且說明文字要簡短、扼要就好。我曾經參看許多旅遊書，不僅圖片小小張，看不清楚，更糟的是文字又太小，往往看得很吃力，甚至看不下去了呢！所以我決定改良做法；另外，字體筆畫的橫或豎的粗或細，也會影響字體看起來，感覺是比較大或小的直覺，所以美編還特別列印出兩張A4的字型表，並跟我解說其中優劣之處，才選定最滿意的那一種。

唉！遇到我這種求好心切，有一點龜毛的出版者，眞是折騰、偏勞他了，也更感謝他的費心設計了。

至於旁白解說，更是力求精簡，爲配合版面規劃，文字只能限定在5行之內。可說是增之一字則太長－不可超過行數，減之一字則太短－語意不夠完整。字斟句酌之間，眞是妾身千萬難啦！

此外，版面文字要排列成橫或豎的設計，及要搭配的文字大小和顏色，都是歷經再三推敲才定案，前後歷經24次校稿修正，錯、別字倒是很少，主要的是改寫內文，重改大小標題、段落、標點等細節，務求完美無瑕，才肯罷休；所幸，年輕的美編很有耐性，讓我一改再改，mail中往來校對，長達24次之多。

其實按照慣例，一般出版社只限定作者校稿3次，以後每再多校對一遍，就要再加收一次費用，但我求好心切，也不管它，到底要多花多少費用啦！我一直很感謝印刷廠人員的協助，所以中秋節時，我特別送月餅感謝他們。最後結帳時，廠方竟沒多跟我收取，額外增加的費用呢！眞是感恩不盡了。

## 3. 封面設計很費心

最困難的是封面的設計了，我聘請一位大學廣告設計科畢業的年輕人，是看準他是新生代，可能會比較有時髦、創新的設計。結果，我從他畫的幾個草圖中，只選取一張比較滿意的，再加以修改二十一次才完稿。

我是以一張我站在遊輪的甲板上，拍下的照片當封面，我雙手上拿著船公司製作的看板，上面寫明了航次、航程出發日期和地點等，一目了然，十分實用；背景本來有藍天白雲，光是白雲的呈現，我在台中的「太平火車站」等車時，就拍下約20張不同雲彩的畫面，也在「五X馬水餃店」拍下掛在牆壁看板中，古畫的雲朵，結果最後都沒採用到，而是以留白處理。過程雖然很用心，結果卻沒幫助，但是不去試做一下，當時並不知道會用不上，雖是做白工「坐白宮」，但也才證明，是「不必用」的後果，也算是一種收穫吧！

## 4. 多方請教受益多

有一次在火車上，跟剛上車又正好坐我身旁的一位年輕人，我主動跟他打招呼後，獲知他是中部某大學廣告科的學生，我立刻秀出手機上的封面，請教他，他看後，馬上建議我：

**寫書名的那片扇形圖文，整個版面位置，要往上移動一些，才更能突顯主題。**

他的提醒，我覺得很有道理，後來我就採納了，效果眞的好多了。可惜，他因趕著過兩站就要下車了，再沒時間多指導了。不過，光是提出這點寶貴意見，我就再三跟他道謝了。

我大妹的大兒子是房屋廣告公司的經理，他們常要印製促銷的DM，圖案設計看多了，就練就成內行老手了；於是，我也抓住碰見機會，拿出封面，跟他研討一番，他也提出很好的建議，尤其提醒我：**要對方從電腦內正式輸出實際樣本，給我看才準確，他果真是經驗豐富的達人耶！**

## 5. 畫裡更隱藏玄機

我的封面左下方畫有我搭乘的那條郵輪，我拿封面給我們歌唱班的一位畫家同學看，她馬上說：

**這條船的船頭要調頭，頭部要朝向港內才對，表示「大船入港」大豐收，討個吉利呀！**

原來畫裡還能隱含著這個美好的意象啊！於是我馬上通知畫者「**要回頭向岸才好啦！**」果然，至今我的新書，銷售業績頗爲滿意耶！

## 6. 封面圖案含意佳

爲了利用左、右上角的空白，因面積很小，又不能太明顯，以免搶走了主畫面，我曾考慮過好幾個圖案，最後才確定，左上角要畫一道七色彩虹，表示此行「**多采多姿**」，但要若隱若現，有一種朦朧的美就行；光是這個圖案的顏色，因太過濃烈，就更改了十多次後，我才滿意；右上角的兩隻飛翔的海鷗，象徵此行「**自由自在**」，但畫得太大或太小都拿捏不準，擺放的上、下高度，也是喬了好幾次才滿意。最後在書名的扇面上，點綴了一大一小兩朵的日日春，表示此行玩得很開心「**日日像春天**」一樣美好。這眞是一件很滿意的創作。封面圖案設計就是要和內容相呼應，才有意義啊！

就連書名先後也更換了好幾個，像我最早在「臉書」連載的標題是：「**108天環遊世界摘記**」，就太平凡無奇了；不過，因內容很好看，還是吸引很多讀者按「**讚！**」耶。也曾想寫成「**樂齡媽咪108天環遊世界驚艷**」但又擔心年輕人會不喜歡看，因而又作罷！

## 7. 印刷廠鼎力協助

印刷廠全力配合，多次討論細節外，就是在開始付印幾張後，管控的小姐就立刻叫「暫停」，來電請我去看已印出樣品的圖文效果，比較採用紙張的清晰度及色彩，結果，我還是採納她的建議，改採用進口紙，當然，也多增加了一筆紙張費用了。但我還是願意不惜成本，印得漂亮最重要。看到印刷廠多部機器運轉轟隆響的巨大噪音，來回走動或忙碌操作的師傅，真是很感謝他們的協助；隨後，更有裝訂、包裝步驟等龐大作業，更是要動員很多人力、物力呢！

先賢有言：**一將功成萬骨枯。**

現在我才領悟到：**一事能成萬人助。**

事非經過不知難，對於這一切的人助、天助和自助。才能成就這一本書的好機緣，我都充滿無限的感恩。

我在本書封底所寫「**勇敢追夢 本書七大優點**」，順便在此轉載，很值得讀者參看唷！

## 8. 本書七大優點

＊作者是位斜槓職人：妻子/母親/祖母/家管/寫作者/演講者/高中教師。深具全方位的知性、理性和感性表達力。

＊這不是旅行工具書，而是作者傾全力的學識、膽識和見識融合凝聚的結晶品，情境中常引用詩詞、歌賦來描述。

＊書中內容除了介紹各地風光美照外，旁白更寫下當時的心得、感想、改變或建議，表達對人文及社會的關懷。

＊各位朋友，為了寵愛自己，要勇敢追夢去，我能，你一定也能！現在我先幫你導覽一遍，讓你居家可臥遊一番！

＊年輕人！你讀完本書後，正可利用轉職的空檔，或乾脆請個長假，環球去看一看，你將會遇見更美好的自己！

＊年長的伙伴，請把握現在有閒、有錢、有體力的好時機，快去環遊世界，犒賞自己這輩子的辛勞，人生才值得呀！

＊旅程水路走五萬多公里，陸路也很多。書中三百多張照片大而美，五十篇慕凡開講寫著名人地物趣事，可增長知識喔！

**出書像孕育生孩子　創作過程有夠燒腦**

**成品自定才夠滿意　箇中趣味實在超好**

# 十、我愛紅塵篇

## （一）快樂的小學生－小學同學會

那一天，我懷著忐忑不安的心情，既期待又怕有意外。我是從台北搭乘高鐵南下的列車，要先到台中車站，和葉好妹同學會合後，再搭她孫女開的轎車，一起去參加「成功國小」的同學會。這是自從畢業後，第一次的重相逢，時間竟已匆匆過了六十多年了。在疾駛的火車上，我的心情像返老還童的時光機，快速地倒轉，回到從前，…。

### 1. 童年友伴情意深

我一直很懷念，我在彰化縣溪州鄉「成功國小」的同學，那些曾經一起玩耍、讀書的小朋友，他們陪伴我，跟我一同度過童年的伙伴。因此，在較有空閒的晚年，回憶往事，還是念念不忘，好想找她們來聚會，看看她們離別後一切可安好?於是我就積極設法尋找他們，希望能重新歡聚一堂，重溫那段美好時光。

我二十多歲結婚後，就離開家鄉幾十年了，其間，雖偶有回鄉探望父母，但總是來去匆匆，又帶著幼小兒女，無暇跟老同學聯絡。

### 2. 尋找好友說抱歉

我也一直想要尋找葉好妹同學，因那時候，班上座位是兩人共用一張長桌，她一直都坐我旁邊；平時我倆都很要好，一起寫功課，也一同遊玩。但是，偶而遇到她考試分數贏過我時，我就會捉弄她一下。

就是聯絡其他同學不要跟她玩，要把她孤立起來；不過，當她難過地獨自在一旁快哭泣時，我又會心軟地，叫她過來一起玩了。我現在很想跟她見面，有機會爲當時幼稚的不當行爲，跟她鄭重地說「**很抱歉、很對不起！**」，我會引用「零極限」該書中的夏威夷傳統療法，跟她說：

**對不起，請原諒我！謝謝你，我愛你！**

可是，人海茫茫，我去哪裡找人呢？我只記得當年，我從師大畢業後，返回母校「北斗高中」執教時；有一天，下課回家，我媽媽告訴我說：

**葉同學有來我們家找你，她已嫁到台中的大里；這次是回娘家玩，順便來看看好同學。**

我媽媽還說：她買了一袋餅乾當伴手禮，身後還揹著她的小娃娃，…。

可惜，她也沒留下電話或住址，因此，我也無從聯絡起，這件事就一直擱放心底了。後來我經歷結婚、生子、搬家等，忙了幾十年後，現在才有空又想起尋找她的願望。

## 3. 同學同樂懷念深

我一直記得葉好妹同學，以前是住在「柑仔園」村的「岸角」－是緊鄰濁水溪堤岸轉角而得名。小學時，我曾有一次去她家玩，她家是蓋在四周都是稻田的中間，庭院四面種有一簇簇防風竹林。

那次她帶我去田裡，排水溝中「摸蛤仔」，我正專注用畚箕，要從水中撈起蛤仔時，一抬頭卻瞄見左前方，田埂側邊的一個小孔洞裡，有一隻水蛇躲在洞口，露出約有一、兩公分長的前身，如大姆指一般大的黃褐色身軀，細長的舌頭正一伸一縮地抽動著，我嚇得馬上丟下畚箕，驚慌地大叫並拔腿就跑掉了。

這個驚險的遭遇，現在回想起來，還是鮮明如昨；這件趣事，今天大家見面時，我一定要當面再說一遍，喚起往日有趣的情景啦！

有幾次我回家鄉時，都很想去「岸角」找她的家人，問出她現在的住址。但因諸多困難而作罷；一來怕他家人會覺得太奇怪，說不定會誤以爲是什麼詐騙集團，二來由大馬路通往他家的一大段小路，那時是要走很窄的田埂路，汽車是開不進去的。總之，都沒有如願成行。這個願望還是一直存放在心中。

## 4. 人海茫茫何處尋

我一直記得她住在台中的大里，不久前，我曾打長途電話去大里區公所，詢問如何尋人的方法。負責辦理的人說，要提出人證、物證、事證及正當理由等。

我說：**我只是要開同學會用的。**

我聽到那承辦員哈哈大笑後，卻說：「開同學會，這不算正當理由啦！」原來我的想法太單純了，公家機關也有替人保密「個資」的責任吧！

直到去年六月，我因要參加「北歐四國之旅」的旅行團，行前的說明會，就和學妹許秀女，一起搭車回鄰近故鄉的北斗鎮；我談起這件事，湊巧學妹的外祖父就住在「柑仔園」村，而且，她小時候放寒、暑假時，就常住在那裡，我提起印象較深的幾位同學，剛好都是她認識的鄰居。於是，說明會結束後，我們就搭計程車直奔「柑仔園」村了。

學妹先去探訪她的舅舅，我則向當地的一位婦人，打聽宋X隆、宋X城、宋X濱等幾個人的情況，回答竟是：

**好多年前就都死掉了啦！只有宋金城還在啦！**

於是，那位鄰居熱心地幫我打電話給宋金城，是他兒子接聽的，我跟他交談中，感覺不是很熱誠，這也難怪，畢業幾十年了，突然來聯絡，難免有些顧忌或疑惑，我想就此放棄算了，所以也沒留下我的電話。這次敗興而歸，眞是萬分失望！

## 5. 得來全不費功夫

過了幾天，我住在家鄉的大哥，打電話來跟我說：

**宋金城來我們老家要找你，有留下一張名片。**

原來宋同學跑去我成功舊家找幾次了，向鄰居打聽，知道我大哥偶而會回老家整理庭園。

很高興，終於又能聯絡上了，於是，我立刻打電話給他，聊了很多往日的趣事，我提起要找葉好妹同學。

他馬上說：**我記得她，瘦瘦的，跟你坐同一張書桌；她哥哥以前在當「總舖師」時，常來我們村子辦酒席，我跟他很熟的，我問他一下，就知道葉好妹的電話啦！**

果然，他很快就回電告知我好消息，我喜出望外，眞是「**踏破鐵鞋無覓處，得來全不費功夫。**」

葉好妹眞的住在台中縣的大里區，我們在電話中聊得很開心，也聊了很久，她已有好幾個孫子了。但我得知她爲了打發時間，還在附近工廠上班，就不好意思，提出要趕快見面的願望；我只說：你什麼時候要回娘家時，事先通知我，我也安排回去故鄉跟你見面，順便找同學來開同學會。

## 6. 排除萬難歡聚樂

我懷著熱切的期盼，等了兩、三個月，有一天，她來電告知我，她要回娘家送中秋月餅給哥哥；於是，我趕緊聯絡宋金城同學去找其他人，結果他只找到鄭梓里同學，她是我表舅的女兒，記得她上學期間，常要缺席去田裡工作，總是曠課比上課時間還多。因她當家很嚴厲的阿嬷說：

**女孩子家，長大嫁出去，就是別人家的，不必讀什麼書，現在幫忙種田比較實在。**

所以，她都是做農事第一，有空閒才來學校讀書。後來就嫁給同村的人，一直到現在還在種田，這些年，改種芭樂果樹，收益滿好的，已經蓋了兩棟樓房，過著安定知足的生活了。

我和葉好妹同學，順利地在台中驚喜會面後，就一起坐車回故鄉，一路上聊天好歡喜；我們跟宋金城，則約好在的北斗鎮郊外的「七星橋」旁相等候，再一起去附近的一家「土雞城」聚會；鄭梓里則由她媳婦直接開車載她來會場，這就是我們小學的第一次「同學會」了。

## 7. 重溫童年歡喜情

四個人見面時，都驚喜地歡呼大叫，三位女生更緊緊擁抱在一起，久久捨不得放開。談起童年許多趣事、搞怪事、同玩事，大家都樂得笑哈哈，開心的不得了！四人身體都還硬朗，兒孫也滿乖巧又孝順的，家庭生活也很和樂。飯後還一起唱卡拉ok同樂，更選了好幾首，那時音樂課教唱的兒歌，好像重拾童年的歡樂時刻；我們還一齊唸起，當年流行的童謠：

**一二三到台灣，台灣有個阿里山；**

**阿里山上有神木，我們明年一定回大陸。**

還有一首男生比較喜歡唸的：

**台灣流行三角褲，省錢又省布；空氣流通，陽光充足。**

那天，我更把握機會，單獨跟葉好妹說起，我牽掛心中幾十年來，對她很抱歉和後悔的那件事，她聽後卻只笑笑說：

**噯呀！沒關係啦！你不說，我早就忘記了，那是以前小孩子，開玩笑、鬧著好玩的事嘛！你就把它忘掉啦！**

這次同學會再見面，才有機會表達，我對她深深的歉意和愧疚之情，也才放下一直壓在心中的大石頭；原來，讓我一直耿耿於懷的往事，她早已原諒我，且不再介意了。這是我很感安慰和釋懷的大事。

我帶了中秋月餅和金門貢糖，請大家邊吃邊聊天。依依不捨分別時，我還送給大家一份小禮物，是我寫的四本實用的「大家快來講笑話」口袋書。

## 8. 同學眞情金不換

這次飽嚐滿桌豐盛的餐會，我跟宋金城都搶著要買單，他卻說，他是熟客，要盡地主之誼，結果是由他請客。宋同學二十歲就娶妻生子，四十多歲就宣佈退休，把田產分給孩子們耕作，種植很夯的芭樂樹，收成很好。他只管每月收取孩子的「奉養金」，自己和太太過著輕鬆的日子。大家都很羨慕他耶！

那天，他還特別帶一大袋現摘的芭樂來送我。這次也是托他的福，熱心幫忙聯絡，我們才能再重逢相聚。眞是很感恩他啦！老同學的情誼，眞是一輩子都不會改變的。

我拍下很多精彩歡聚的鏡頭，回台北後，趕緊把照片沖洗出來，再用相簿分裝好，各寄一套贈送給每個人珍藏。想念大家時，就可拿出來，好好細細回味，這次重相逢的快樂時光，以及許多珍貴的童年往事；尤其在這古稀晚年，還能看到國小時期的老同學，是一件多麼值得珍惜的福份啊！

**不談身份和地位　童年情誼最珍貴**
**不信青春喚不回　同享溫馨甜美味**

# （二）童年生活樂逍遙

## 1. 兒時趣事最鮮明

我是在小三時，才從彰化縣田尾鄉的「田尾國小」轉學到溪州鄉的「成功國小」，當時級任老師姓魯，有一次上國語課，他帶領全班，跟隨著他一句句唸課文，其間，有一位同學上課搗蛋，被叫到教室後面去罰站。等到課文快唸完時，老師插入一句話，說：

陳X輝回來！

意思是叫那位同學可以回坐位了，這時有一位叫鄭X珠的同學，大概沒在看書上句子，也跟著瞎唸：「陳X輝回來！」引得全班爆笑起來，這下子，可是要換她去罰站了。

## 2. 上音樂課眞歡喜

小四時，有一位教音樂的林勤曲老師，他上課都叫學生，把風琴搬到校園裡，在高大的鳳凰木或樟樹下，有濃濃樹蔭的地方，涼風陣陣吹過來，我們都陶醉在美妙的歌聲中，眞是快樂的不得了。

在如沐春風般的環境下唱歌，就培養了我對音樂的喜愛。林老師種下的音樂幼苗，不僅養成了我這輩子的嗜好，更讓我日後有能力，帶動孩子們愛唱歌；以及多年後，參加我主講的「快樂父母成長班」的學生，每一堂課我都會教唱一首歌，以培養他們對音樂的喜愛，回家後，爸媽便可帶動孩子們一起唱歌。這一切愛好音樂的良性影響，全都要感謝林老師的啟蒙教育。

## 3. 衛生教育很實用

記得讀小學時，每天早上，大家在操場集合升旗完，回到教室，都會舉行「晨間檢查」的活動，由校方統一從每班的擴音器中，播放出檢查步驟順序的歌，那首歌，開始是這樣唱的：

**晨間檢查準備開始，手帕、手紙帶來沒有？**

這時，我們都事先把這兩種隨身攜帶的用品，擺在桌上接受老師指定的排長檢查。

另有一首「衛生十大信條歌」，也是輪流播放，我們也要跟著唱的，歌詞舉例如下：

親愛小朋友們！大家要講衛生，衛生十大信條，條條要遵行：

**衛生第一條：**洗手記得牢，飯前大小便後，一定要洗淨。

**衛生第五條：**手帕記得牢，咳嗽或打噴嚏，蒙住口與鼻。

**衛生第十條：**晚上睡得早，睡足十個小時，精神才會好。

學校每天的督導這些活動，讓大家從小就養成良好的衛生習慣，是很值得現代小學教育效法的。

## 4. 終生受益課間操

另有，至今印象也很深刻的事，就是每天早上的「課間操」活動，就是在早上第二節下課時，全校學生要自動跑到大操場集合，由級任老師迅速整隊後，在校方播放的錄音帶廣播聲中，一面說出體操步驟，一面指導運動方式，同學就配合手舞足蹈，或扭腰跳躍等動作，前後約有二十分鐘。這樣固定的活動，不但能收到放鬆身心的效果，更能培養學生，終生養成愛好運動的好習慣。

小學時期，校方若能重視培養兒童愛好音樂、良好衛生習慣及喜歡運動等課程，對孩子的一生是有深遠影響，所謂「**少成既成性，習慣成自然。**」我就是深受其惠的學生。

## 5. 初次演戲眞有趣

讀小四時，學校慶祝校慶，舉辦遊藝會和運動會等節目，我被老師指定參加「話劇」表演。

故事大概是「家庭悲喜劇」，那時扮演醫師的同學，就是當今著名的鄉土作家吳晟先生，他的本名叫吳勝雄，他扮演一位醫生，還記得他是穿上他爸爸的白襯衫當醫師袍，長度快拖到地上了，又戴上一副大眼鏡，幾乎遮住他半個小臉蛋，胸前還掛著醫生的聽診器，手上也提著一個醫生出外往診，常用的大大黑色手提包，扮相十分誇張、逗趣。

我則扮演生病小妹妹的姊姊，穿著一件我媽媽的花洋裝，長度也是快拖到地面，臉上也抹粉又擦胭脂口紅，像大小姐般的妝扮。

記得我的台詞第一句是：**啊伊啊！不好啦！小娃娃生病啦！**

演媽媽的是叫許X鳳同學，就接口說：

**小娃娃生病啦！快去請個醫生來，給他瞧一瞧！**

然後，吳醫生就出現了，吳同學就和我開始演對手戲：

我一見到他，就點頭彎腰做「請進」的手勢，

招呼說：**醫生，你好！**

他回說：**小姐，你好！**

我就說：**我們的娃娃病了，請你瞧一瞧！**

雙手就指向生病妹妹的床邊。

後來的劇情就不太記得了。這是我平生第一次上台的寶貴經驗。我們的對話都是像西洋歌劇一般，是用吟唱的耶！

## 6. 功課好很有光彩

小三以前，我的成績表現都平平，直到升小四時，遇到一位呂瑞芬級任老師，她教學很認眞，對學生要求又很嚴格，上課都會叫同學站起來回答問題；她的聲音很高亢，臉上表情又有點兇兇的，如果回答得不對，還會被責罵並罰站。每次我被叫到名字時，常會嚇得全身抖動一下，戰戰兢兢地站起來回答。是否因爲敬畏她，我不得不用功讀書，我的功課就進步很多，躍升到前幾名了。

下學期要結束前，校方要挑選「鼓笛隊」成員，就是準備在五年級時，先演練和見習一番，以便在六年級時，負責擔任在每天的升、降旗時，演奏國歌和國旗歌。我們班被老師點到名的，都是成績在前幾名的女生，我竟也被叫到，當時覺得是很大的榮譽。

**從此，小小的心靈就感受到，成績好的學生，就會格外受到老師看重的光彩。**

## 7. 意外轉到放牛班

小五時，學校就開始重新分班，有分要升學的「投考班」，和就業的「放牛班」。起初，我也是參加「投考班」的；但是，那個林X昭老師教學太嚴格了，他規定學生每天早上六點半就要到校自習或考試；**遲到的同學就要受處罰，是用藤條抽打背後的大腿和小腿，往往留下一條條紫紅色瘀青又紅腫的傷痕。我就是常被處罰的對象。**

因爲當時，我家正在整修房子，拖了好幾個月，有兩、三個外地來施工的師傅，就長住在我家，每天早餐都要先請他們吃過後，我們家人才可以吃；但我大清早就要去上學，常常等不及吃飯，空著肚子就去上學。有時，爲了等吃幾口飯，遲到了，就被老師鞭打成傷。有一次，媽媽幫我擦藥時，心疼地說：

**老師這麼兇狠，不要去唸「投考班」算了。**

過幾天，我就自動轉到「放牛班」去了。

## 8. 因禍得福逃惡補

所謂「放牛班」就是畢業後就要就業，在家幫忙放牛或去種田，不再繼續升學了。我們當時的教室，位置就在校園最西邊偏僻的角落，是獨立的兩間，由很舊的日式木造宿舍改成的。

墊高的木製老舊地板，頑皮的男生常用力跳起並用力踩下去，讓地板發出「蹦蹦」的震動聲，來嚇嚇女生；還有，也要避開破洞的地方，否則一支腳不小心踩下去，就會陷入中空的黑洞裡，還得靠同學幫忙，才能抽身而出耶。

這種因陋就簡的教室，專門提供給五、六年級的兩個「放牛班」專用。很像是被學校放逐或遺棄的化外之民。

我轉讀「放牛班」後，反而因禍得福，我的生活，竟一切變得海闊天空，自由自在了。小孩子嘛！眼前有得玩就高興，那管它有沒有升學、前途會怎樣？

教室雖然很破舊，但卻關不住我們好玩、活潑的心性。因爲不要升學，就不必拼命用功讀書，或被迫課後還要留下來惡補。所以，功課隨便讀一讀就好，考試的題目也很簡單，我就是跟葉好妹同學，常輪流當全班成績第一名的人。

## 9. 快樂童年歡笑多

每天上學很輕鬆、有趣，尤其是每一節一下課，我們就衝出教室到操場，三五成群聚一起，女生玩跳繩、跳格子、勾橡皮筋等；男生就玩踢足球、躲避球、疊羅漢等；有時，男女同學也會一塊兒玩耍。

玩到滿身大汗，氣喘吁吁，笑聲連連，好開心！好歡喜耶！直到聽見上課鈴聲響後，才慢慢走回教室，一面擦擦汗水，一面多喘幾口氣；反正我們看準了，老師從對面很遠的辦公室走過來，經過大操場，再走到我們教室來上課，也要花費一小段時間呢！

我們早自習時，不必關在教室讀書或考試，常常就跑到校園的花叢或樹下，玩躲貓貓或捉小鬼的遊戲，或是盪鞦韆、溜滑梯等；放學後，更不必像「投考生」要留校惡補，繼續被苦讀「毒」一番；反而能再遊玩一陣子，玩夠本或玩累了才回家。

我們眞是一群快樂的小學生耶！

**歡喜自在小學生　快樂童年樂趣多**
**放牛班上領頭羊　命運安排巧妙過**

# （三）兒時友伴情意深

我小學一、二年級，是在彰化縣田尾鄉的「田尾國小」唸的；那時候，因爸爸在當地的「田尾派出所」服務，我們住的公家宿舍，離學校很近。有一位叫卓夏的同學，她是我們先前租屋處的好鄰居，我倆常常在一起遊玩。

我們搬來新家後，她上學路過我家時，就會來找我一起去學校。有同學做伴，路上並肩同行，有說有笑的，眞好！

## 1. 老師讚美好高興

印象最深的是一年級時，級任許玉鳳老師，有一次上「勞作課」，她先發給每位同學一張正方形色紙，準備做「剪紙花」的活動。我專心地遵照著老師示範的步驟，一步一步地跟著做下去，其間有對摺、平摺或斜摺等；有時，還要修剪掉部份贅紙或邊緣等。

做好各種複雜的程序後，再把多重摺疊過的色紙，輕輕攤開還原，再放平來看，結果全班竟然只有我的成品，跟老師做的一模一樣。

我深深記得，老師把我的紙花高高舉起來，展示給全班同學觀看，又把中間剪出的一個圓孔，套掛進她胸前的衣扣裏，就變成一朵漂亮的胸花了；老師一面稱讚，一面請大家給我拍手鼓掌呢！這是我平生第一次感受到，被讚賞的光榮，是十分歡喜的滋味。

## 2. 轉學風箏斷了線

我念小三時，因爸爸調職到彰化市區，沒有配給宿舍，我媽媽只好帶著我們一群孩子，搬回溪州鄉成功村的外婆家，我也轉學到「成功國小」就讀；從此，我們就過著耕讀的農家生活了。

我們搬離田尾後，媽媽因種田工作很忙，偶而農閒時才會再去探望舊鄰居，敘敘舊時情。我和卓夏同學也就此各奔前程，沒再聯絡了。

我五、六年級念的是「放牛班」畢業後，也曾去報考「北斗初中」，卻因拚不過參加惡補的「投考生」，因而落榜，從此就失掉了升學的機會了。

在當時還很封閉，又重男輕女的社會風氣裏，女生念初中的就很少。所以我沒再升學，也不會覺得有多可惜。此後，就在家中幫忙做些簡單農事了。

這時候，我爸爸已輪調到溪湖鎮郊外的「忠覺派出所」服務。有一天，他回成功家時，跟我說：

**琼姿！既然你已經畢業了，那你就到我那兒住，幫爸爸煮飯、洗衣做些家事吧！**

我很聽爸爸的話，就帶著簡單的衣物，跟隨爸爸到他那兒住下了。

爸爸就住在派出所內的宿舍裡，所內四周庭院很寬敞，又有不少陰涼的大、小樹叢，附近的孩子常來和我一起玩耍，像跳繩、跳格子或捉迷藏等遊戲，日子過得還滿自由快樂的；小小的年紀，每天有得玩就高興，哪會去管以後的前途會怎樣呢！

## 3. 媽媽專程來遊說

記得是九月下旬的某一天，媽媽突然專程來看我們，一見面就跟我說：

**琼姿啊！聽說溪州要新設立一個初中，你要不要再去考看看？**

那時候，我每天都跟小朋友們玩得很開心，並不太想要離開她們。母親就鼓勵說：

**要是能考上了，就可以再繼續念書，將來比較有出息，不要像我，只讀完小學，沒甚麼好學歷，就只能在鄉下種田過日子了！**

經不起媽媽一再遊說和鼓勵，我只好跟著她回家。隨後，她就陪我去報名、帶我去考試，而我也很幸運地以名列前茅考取了。母親及時的愛，才讓我又有機會重新踏上升學之路。更可貴的是因爲媽媽的好人緣，因緣聚合一線牽，才促成我能再升學的機緣，也改變了我一生的命運。

## 4. 好人緣牽好機緣

事情傳奇的經過是這樣的：那一年九月下旬某一天，我媽媽一時心血來潮，就又去田尾探望老鄰居，她先到卓夏的媽媽「福兒嫂」—我媽對她的尊稱—家坐坐。她倆歡喜地，在她們開設的碾米廠走廊聊天時，剛好一位開小吃麵店的老闆娘名叫「月嬌」女士路過，她親切地跟我媽媽打招呼，並隨口說：

**林太太！看到你眞歡喜！今天怎麼有時間來這裡遊玩?等一下也歡迎你來我店裡坐坐，中午我請你吃雜菜麵啦！**

這時，我媽媽也隨口回說：對啊！思念大家就來看看老朋友啦！你剛才是去那裡?現在要回家啦！

她回說： **我是去溪州給我兒子報名，他要參加入學考試啦！因爲「溪州初中」今年剛剛才獲准成立，所以延後到現在，才要辦理招生，人家別的初中早在九月初就開學了。**

我媽媽一聽，馬上說：

**啊！那我也叫我們琼姿去報名，考看看！謝謝你喔！**

於是，母親問清楚報名時間、準備證件等細節後；回家第二天，就放下手邊忙碌的農事，趕緊跑來爸爸住處，告訴我這件好消息。

母親做人很親切又隨和，她說話時，臉上常掛著笑容。所以街坊鄰居們都跟她很熟識，交情也很好；這次更因爲她過去的好人緣，連路過的老闆娘，在離別幾年後，再見到面時，都還很熱情地跟她打招呼；卻也因她的好人緣，她才很意外地，獲知「溪州初中」要招考新生的事；又加上她對我的關愛，才讓我有機會去報考。

否則，在當時我們住的鄉下地方，既沒有報紙，也沒有收音機，更沒有任何馬路新聞，哪有機會知道這個招生的消息，我一直很感謝母親和兩位好鄰居帶給我的恩情。

## 5. 及時把握重相逢

我以前曾聽媽媽提起過卓夏同學，知道她已經嫁到家鄉鄰近的北斗鎮，而且跟先生在北斗「奠安宮」旁邊，經營「仁X電器行」，我過去曾經在「北斗高中」當了兩年的教師；但那時候，每天趕著上、下班，來去都很匆忙；所以，始終沒專程去跟她相認。不過，偶而路過，還是會往店內瞧一下，卻都沒看見過她。雖然過了許多年後，還是會很想念她。

去年，我回故鄉妹妹家遊玩，在北斗街上閒逛時，又路過她家的電器行，心想：

**都已是古稀之齡了，心中雖常想念，若再不趕緊跟她見上一面，將來機會恐怕越來越少了。**

於是當下，下定決心走進店裏詢問，誠懇地跟店員說明，我跟她的深厚淵源，和單純的拜訪心意，以免被誤認是「詐騙集團」。

果然，獲得店員的信任，得知她的近況和電話。原來卓同學在多年前，先生往生後，就把商店轉讓給侄兒輩經營了，而且現已遷居竹南，跟孩子同住一起了。

我趕緊打電話給她，她也萬分驚喜，兩人開心地聊了很久，她還熱情地邀請我去她家玩。我終於聯絡上最思念的人，兩人都喜出望外，歡喜得不得了。此後，我倆便時常用電話聯絡，談起甜蜜、有趣的童年往事了。

## 6. 常想念不如見面

我曾有幾次在台北火車站的大廳柱子上，看過「黑X牌食品公司」的廣告寫著：**常常想念不如見上一面。心中感謝不如當面說謝。**

這份超好的生活哲學，我十分認同它的理念。其實，我一直念念不忘卓夏，除了想一起回味美好的童年外，更包含一份改變我命運的因緣和恩情呢！

我一定要告訴她，關於這個巧遇的故事，表達我非常感謝她媽媽的心意，由於她媽媽做人很友善，又和我媽有深厚的情誼，我媽才會因想念而去探訪她。

那次就是託她母親的福氣，我媽媽才有這一趟拜訪行程，又巧遇到貴人月嬌阿姨，才能讓我獲得報考初中的好消息。這千鈞一髮、擦身而遇的奇妙機緣，才讓我有機會再繼續升學讀書，這個關鍵性的巧遇，對我日後的求學和生涯發展，是具有重大價值和深遠意義的。

在我獲知2013年2月到3月間，台灣燈會在新竹的竹南舉辦。我便把握良機，打電話跟卓夏約好時間，邀請一起去看燈會展覽。我倆說好就在高鐵站，前面廣場的燈會區見面，現場彼此再用手機連絡相認。

## 7. 重相逢恍如夢中

那一天，我懷著忐忑興奮的心情，既期待又怕有意外，畢竟兩人已分離快六十年了，彼此不僅經歷長大、結婚、當媽媽、做阿嬤等，也不知是否還能認出對方，…。

在高鐵竹南站出口後，我就打手機跟她說：**喂！喂！請問是卓夏嗎?我是林琼姿啦！我已經在竹南站出口了，我是中等個子，穿米黃色連帽的長大衣、黑色長褲，又拉著一個紅色手提箱。**

她就說：**好好！我知道了！我是戴著咖啡色絨帽，還有紅色圍巾，碎花上衣和咖啡色長褲，我正往廣場方向走了。**

我又接著說：我現在已經走到車站前廣場了！啊！我有看到很像是你了！看到你咖啡色絨帽，和紅色圍巾，高高的個子，應該就是你了！

她回說：**我在廣場正前方，現在正往車站出口方向走，啊！對了！我有看到你了！米黃色大衣，還有紅色行李箱！**

兩人相向快步走過來，快碰面時，都又興奮又驚喜地，幾乎同時叫出對方的名字。

「你是卓夏喔！」、「你是林琼姿啦！」

**「好高興再看到你！你的模樣和小時候也差不多耶！」**

「有啦！有變老了一點啦！」

「沒有啦！你看起來很年輕耶！」、「你也一樣啊！」

「你的聲音跟以前很像，一樣很清亮，好好聽耶！」

「眞的嗎?你到現在還記得喔！好厲害耶！」

我們倆人就這樣你一句，我一句開心地對話。

我倆很像電影裡常演出的[喜相逢」情節，眞實地發生在眼前呢！我們一面熱情地交談，一面欣賞著漂亮的花燈，不知是什麼時候，竟然悄悄地，已經手牽著手握在一起，穿梭在熱鬧的花燈會場了，刹那間，恍如重回童年的快樂時光中，…。

## 8. 舊友相聚樂開懷

在這古稀之齡的晚年，能夠再見到兒時的友伴，一齊回到遙遠的從前，追憶許多原汁原味，又點點滴滴的往事，有說有笑的聚會，是一件多麼大的福氣和樂趣啊！

去年，我邀請她來台北的陽明山賞櫻花，到竹子湖看海芋、吃土雞。今年三月三日，我倆把握「機場捷運優待免費搭乘」最後一天，我再邀請她來台北，一起坐捷運到桃園玩了一趟。當然，老友歡聚，除了一再談起百聽不膩的童年趣事外，也會交換些兒孫樂事，談談人情世故，或說說個人美麗願景；總是有說不完的話題，共度許多歡樂時光。我們還計畫將來要一起出國旅遊呢！

我倆就像斷了線的風筝，竟又重新連接起來了；今後，我們一定要緊緊把握歡聚的時刻，抓住聯繫的友好熱線，直到永遠永遠，…。

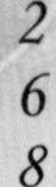

# （四）羈鳥戀舊林—初中同學會

民國102年秋末，我應邀到南投的一個國中，晚間做一場「親職教育」演講後，夜晚就投宿在當地的「富X飯店」。第二天早上在收拾行李時，我跟陪同的外子說，我有個初中同學陳泰長，就住在南投，我想打個電話問候他一下。

果然電話那一端，傳來驚喜的笑聲，他很熱情地要過來看我們；但我只能婉謝好意；因爲我必需趕回台北，準時赴約下午的一場演講。寒暄中，我隨口說：

**我們同學畢業已經五十多年了，大家都漸漸變老了，如果有機會召開同學會，看看大家由少年變老年的模樣，一定非常有趣、好玩，也很有意思，…。**

還眞是想不到，陳同學聽了我的話後，就立刻展開獵人頭的行動了。

## 1. 佈下了天羅地網

我們是「彰化縣立溪洲初中」第一屆的畢業生，所以地緣的關係，當時的同學，大多是住在學校鄰近地區；而且，長大後，男生比較會住在原地老家。於是，他就召集住溪洲和北斗的幾個男同學商量，分頭用蜘蛛網式的方法，全省發佈「召集令」，蛛絲馬跡地一個牽一個搜尋。

有的已搬離故居的男生，或遠嫁他鄉的女生，甚至要透過親戚的親戚，或同學的同學，甚至是鄰居、朋友等，好幾層關係，輾轉才能打聽到電話，最後才能搭上線，聯絡到他本人呢！

更好笑的事，曾有兩三位同學，突然接到幾十年未聯絡的老同學來電，開始時，還誤以爲是「詐騙集團」的技倆，經解說並一再求證後，才高興得驚聲尖叫起來，還頻頻又是道歉又是感謝地，握緊熱線你和我，聊個沒完沒了啦！

經過大家同心協力的努力，第一次聚會，終於在民國103年4月，隆重地在母校會議室舉辦了；會場還有大紅燈籠高高掛，牆上又貼上好幾張感人的懷舊標語，充滿辦喜事的氛圍；當天總共有二十多個同學參加。當年我們才只有一班，四十多位畢業生，現在有過半數能來，已是非常慶幸的了。其他的人，往生的往生了，養病在臥床的，剩下那些失聯漏網的，只好等待來日，再繼續追捕歸隊了。

其中有一位同學陳X勝，因喉嚨生病，暫時無法說話，是經過召集人陳泰長同學，親自登門遊說，才戴上口罩出席，並由夫人陪同來參加的；同學紛紛給他熱烈擁抱和祝福，讓他感動得眼眶泛出淚滴，並用筆寫下：

**我已經很久不曾這樣開心了，今天竟流下感動的淚水，感謝各位同學深厚的關愛。**

## 2. 重相逢恍如夢中

幾十年的老同學，一旦能重相逢，恍如在夢中；眞是又興奮又期待，有人竟已經失眠好幾天了。一見面彼此都又驚又喜地，互相確認對方：啊！你就是張喜代，你都沒甚麼變耶！

她神回：**有啦！有變啦，變漂亮啊！**

兩人相向哈哈大笑了。

有人對黃惠津說：**嘿！你都不會老耶！**

她妙答：**對呀！會漏（台語：老），泡一泡水就不會漏啦！**—老跟漏用台語講，是同音異意，很詼諧逗趣啦！

老同學，幽默一下，開開玩笑，彷彿又找回當年在一起嘻嘻哈哈的好時光。有很多位同學，甚至叫出對方名字後—因大家胸前都掛有名牌，就興奮地相互擁抱，歡喜得又跳又叫起來了。

聚會中，大家談起在學校的許多趣事，爆笑聲更是此起彼落，連綿不斷。所有當年的好事、糗事、搞怪事、捉弄事、甚至吵架事，恩怨情仇等，都毫無顧忌地，通通搬出來，重新演出一次，當年少不更事闖下的許多「事故」，如今再挖出來說，都變成感人的歷史「故事」啦！真是叫人笑淚交織，前俯後仰，手舞足蹈，激動不已呢！

## 3. 天涯常念舊時情

談起當年離別時，我們都是青春美少年、美少女，今日再相見，很多都成了白髮蒼蒼，又皺紋層層的老先生、老太太啦！經過歲月的洗禮，大家都顯得更豁達、樂觀，真所謂「士別三日，刮目相看」了。同學會就是最開心的忘年「童樂會」啦！

今年已是聚會第四次了，很可貴的是，我們第一位開辦學校的老校長高明敏先生，每年都來参加。今年是他九十大壽，我們準備了精美蛋糕，又齊唱「生日快樂」歌，祝福慶祝一番。且由精研書法的施善慶同學，請她很著名的老師，特別書寫一副大「壽」字卷軸，當賀禮送給他留念。高校長開心極了。

我當場又重複跟他再道謝一遍：

**高校長，感謝有您來開辦「溪州初中」，我才有機會再升學，才會有今天的林琼姿。非常謝謝校長的栽培恩情。**

校長很開心地說：**那也是要靠你自己努力才行啊！**

他說罷，就相向哈哈笑起來了。我也送上我寫的四本「大家愛說笑」的口袋書，請校長指教。

## 4. 校長感言印象深

校長每次都會發表談話，勉勵我們大家，今年他說，我的人生歷程，可區分成三階段：

**(1)少年時，多災多難**

他細數從大陸逃難來台，輾轉辛苦求學的種種歷程，我們聽了都很感動，更敬佩他的奮鬥精神。也很感謝因他來溪州辦學，我們這些幾乎都是無校可念的落榜生，才有機會繼續升學。

**(2)中年時，多采多姿**

校長本身眞是多才多藝，他曾跟我們女生組成的籃球校隊，一起練球，切磋球藝，還領隊到「北港高中」跟她們的球隊作一場友誼賽呢！他的學識很淵博，無論哪一科老師請假，他都可以來代課，講課很風趣，深受學生喜愛呢！

校長辦學很認眞，培養出很多優秀學生，尤其是訓練出很多體育選手，還曾奪下多次彰化縣的「中上運動會總冠軍」的榮譽呢！

他破紀錄的創舉也很多；例如：他是第一位創辦「電視教學」的教育家；他更是全省首辦「免試升學」的校長；又曾當選「第一屆全國十大傑出青年」呢！…。

(3)晚年時，多壽多福

已屆九十高齡，還是耳聰目明，健步如飛，神采飛揚，說話中氣十足，聲音宏亮；兒女孝順、兒孫滿堂，家庭美滿，…。我們這次聚會，師母和兒女及孫子都趕來參加呢！高校長真是我們這些晚輩學生，永遠的恩師，和學習的好榜樣呢！

## 5. 心動就立刻行動

同學會的召開，是一件人生最快樂的聚會，但需要有特別熱心又勤快的人，願意挺身而出，登高一呼，帶頭籌備發起，懷抱著「捨我其誰」的奉獻精神才行。

有了第一次的努力成果後，今後就會繼續舉辦下去。其間，也會邀請教過我們的老師來參加。這次很可惜，又有一位老師和五位同學，因亡故或生病而缺席了。

下一次是第五屆，大家選舉出由我當會長，也是第一次由女生當召集人，看來，我得精心籌劃一番了。

親愛的讀者，您看了本文後，是否感覺同學會很有樂趣，也深具非凡的意義嗎？心動就馬上行動吧！快去召開屬於你們自己，而且是獨一無二的同學會吧！

## 6. 能參加是福氣啦

人生活到這把年歲，能讓你再感受樂趣，和感動不已的場景已不多了。只要你一提議召開，一定就會有很多人響應你的，並絕對會熱烈參與，共襄盛舉的。

時間是不等人的，稍再猶疑一下，就會錯失良機，很多美好的事，就來不及去做啦！請趕快採取行動吧！

**「羈鳥戀舊林，池魚思故淵。」**，午夜夢回，回顧這輩子人生，一路歷經風霜打拼過來，到了豐收的樂齡季節；回首前塵往事，最難忘懷的還是「少年的我」那首當年愛唱的歌，你想起來了嗎？那是：

**春天的花 是多麼的香 秋天的月 是多麼的亮少年的我 是多麼的快樂 美麗的她 不知怎麼樣，…。**

若有機會再看看年少時代的同窗好友，細數往日原汁原味的溫馨故事，讓彼此交輝的眼眸，相視大笑的熱情，不斷地溫慰在心窩，激盪在胸懷，再一次感受到年輕的狂歡。那是心底最深沉又熱切的渴望和滿足，更是一場千金不換，只有「限制級」的老同學，才能享有的圓夢奇遇記喔！

所以，能夠來參加同學會，再看看曾和你一起成長的人，或見證過你喜、怒、哀、樂的過程，他們都是在你的黃金歲月中，跟你共度過一段，雖沒血緣卻親如兄弟、姊妹的伙伴，你看到他們都跟你一樣，活得很健康，過得很快樂，大家就是最有福氣的人啦！

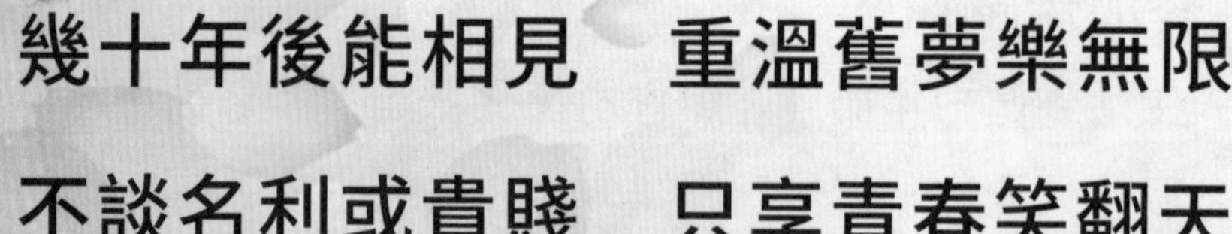

# （五）寧為雞首的初中生

民國九十三年，在農曆過年前後，有好長一段期間，彰化縣政府舉「2004台灣花卉博覽會」會場就在彰化縣溪州鄉的「溪州農場」闢建而成的。而它的隔壁正是我的母校「溪州國中」；電視不斷地播報展出盛況，看到花海、人海交織成熱鬧場景，我的心情也跟著激盪起來。許多當年的情景，引領著我進入時光隧道，記得當時正是青春年少時，…。

## 1. 融洽師生情

我是「溪州初中」第一屆畢業生，記得是在民國四十六年，因籌備成立較晚，所以延後在十月初才辦理入學考試，結果第一次招生只錄取了三班學生，幾乎全都是當時無校可讀的落榜生。

我很感謝母校高明敏校長，當年及時的開辦，我才有機會能夠繼續升學；否則，在那個封閉的年代，是幾乎沒有補習或重考的那回事，而且因重男輕女的關係，女孩子升學的更是十分稀少。因此，日後每次我們開同學會時，我都會當面跟校長重說一遍：

**很感謝校長您當年及時開辦溪州初中，才讓我有機會繼續升學，也才有今天的林琼姿。**

那時新校舍還沒蓋好，我們是借用「溪州國小」教室上課的。每次體育課或課外活動時間，老師都帶我們到新校園，從事勞動服務，像搬土整地，或種植花木等工作，師生一起做工，同甘共苦，常常有說有笑的，所以彼此感情很融洽，老師幾乎都叫得出每個學生的姓名，時勢造英雄，我們可說是實踐小校小班的領航先鋒喔！

## 2. 智多星校長

當時的高校長，剛從政大研究所畢業，年青有爲，懷抱很大的教育理想，辦學十分認眞，一天巡視課堂好幾次呢！校長還多才多藝，每一科目都會教，若遇到老師請假，他就來代課，而且講課很精采；他臉上常掛著微笑，對學生都很和藹親切，課後常會跟學生聊天，都沒有擺出師長嚴肅的架子呢！

我至今還記得高校長曾對我們說過一個夢想，他想發明一種針劑，只要打一針，就可把想吸收的學識，通通注入頭腦裡。此外，他還提出一個問題，要同學們想一想。

他說：**我們從面前的鏡子中看到的自己，那是眞實的你嗎？**

他很詳細地解說道：在本人和鏡子之間，本來就隔著一段距離，而眼睛又從鏡子的反映中才看見自己，這段距離又受光線、空氣、角度的不同影響，而產生不同的效果；如此說來，你從鏡中看到的本人，是經過去和回兩段距離後，才看見的形象，而且左、右相反，是否眞能跟本尊完全吻合？還是會有失眞的可能呢？

高校長只丟出這個問題，並沒有提出任何答案。數十年來，**我常常想起這個疑問，想尋求一個答案，到底它是一個物理界的推論現象？還是一個虛與實的哲學問題？**我至今還是百思不得其解呢！或許高校長是有意要教導學生，養成隨時思考問題的好習慣吧！

## 3. 廖化做先鋒

學校常常舉辦演講、作文或運動比賽，我時常得獎。我曾經獲選爲全校的「優良學生」，校長還帶我跟另一位陳泰長同學，到彰化市的縣政府禮堂，接受「全縣優良學生」表揚，頒獎的是呂世明縣長，除了獎狀、獎品外，還有一枚金字塔形的銅質獎章，襯底的卡片上寫著兩行勉勵的話，就是：

**爲學要如金字塔，要能博大要能精。**

它好像一直存活在我的潛意識裡，引領著我熱愛追求任何學習活動。許多年後，我結婚生子，還拿出來給孩子們觀賞，有幾次，孩子竟然拿去當辦家家酒的獎品呢！眞想不到，一份獎勵兩代受惠呢！

現在回想起來，我能夠在同儕中有優良表現，其實是因爲「**蜀中無大將，廖化做先鋒**」的原故，因爲大家水準都不高，我只要表現好一點點，就顯得很傑出了；但是，也因此逐步建立起我的自信心和榮譽感，這也是應驗了俗話說的「**寧爲雞首，不爲牛後**」的好處吧！

這一份珍貴的體驗，一直鼓勵著我能夠順利升上高中；並以優秀的成績考上國立台灣師範大學；更影響我在幾十年後，因教養兒女稍有成就，而應邀從事親職教育演講時，我常對比較偏遠地區的學生或家長說：

**著名的學校也有差的學生，鄉下的學校也有好的學生，只要努力用功，在那個學校讀，一樣能唸出好成績來。**

分享自己的實例，就是最具有說服力的。

## 4. 師資超級棒

到了二年級就搬進新校舍了，雖然還沒有漂亮的校園，可是我們卻擁有，最優良的師資陣容呢！那時期，學校的附近，就是台糖公司全國的總公司，原有工廠的生產線早就關閉了，但是留下來龐大的廠區，就改成全省糖廠的總指揮中心了；因此全省許多飽學的工程師或學有專長的人才，通通搬到這裡上班，也住在社區宿舍。

高校長就禮聘他們來兼課，教育我們這些鄉下孩子，對他們來說，只是牛刀小試而已，但他們卻是盡心盡力的付出呢！其中有幾位恩師，對我的啟發和教導，深深地影響了我往後的人生。

## 5. 恩師鼓勵多

有一位教理化的老師，一股文質彬彬的書生風采，他上課分析原理、解說公式都很清楚，說話也很風趣，他解題時，都會說句充滿鼓勵的口頭禪：

**同學們，這一題很簡單，大家一起來想一想。**

然後就一步步引導我們思考，他從不會拿難題嚇壞我們。大家都喜歡上他的課，唸他這一科。

我每次月考都得滿分；記得有一次期末考試前，同學要求老師把他的「教師手冊」，也就是課本作業解答的本子，留在班上給大家參考，老師也爽快答應，但猶疑一下，不知交給誰保管才好，後來大概是對我的名字印象最深，就突然說：

**那就放在林琼姿這裡好了。她的理化學得很好，你們看不懂的，剛好可以問她，我就指定她當班上的理化小老師。**

同學們都很羨慕老師對我的信任。老師鼓勵的效益，還一直讓我保持高度的學習熱忱，直到高二唸化學時，不僅興趣濃厚，而且成績也很好呢！

## 6. 詩詞傳播遠

最難忘的是教國文的陳武昭老師，聽說她是大陸很有名的大學文學系畢業的，她略爲豐腴的身材，配上經年穿著的旗袍，更顯出高貴的氣質，臉上永遠掛著親切的笑容。她也是住在台糖裏的眷屬，陳老師說話字正腔圓，聲音清亮，上課常會補充課外有趣的文人典故。

最令我感激不盡的事，就是她常利用剛上課前十多分鐘，教我們一些古代的詩詞，教過了就要我們抄下，還盯著我們背誦；**印象最深的是教白居易的「長恨歌」一次教幾句，並對唐明皇和楊貴妃的愛情故事，解說得淋漓盡致，十分動人，我們對那些詩句就更容易背熟了。**

陳老師的愛心和熱忱教導，才讓我們這些鄉下的孩子，有機會多欣賞古典文學之美。此後，我就很喜歡吟誦並收集詩詞，看報紙剪下的，文章中摘錄的，全是珍愛的詩詞。看畫展就抄題畫詩，朋友家掛的題畫詩，寺廟的門聯，商店的對聯、學校的標語等，我都見獵心喜，抄得很開心。

許多年後，我兩個女兒唸台北的北一女中時，美術老師規定一學期要看幾次畫展，女兒去看過畫展，回來常送給我不少的題畫詩呢！

幾十年後，我講授「快樂父母成長班」的課程中，也配合每堂課的主題，教大家一首淺顯的詩詞，希望父母在家中也能帶動兒女喜愛文學。我自己寫文章，也常適時引用詩詞名句，甚至自己也創作起打油詩呢！這一切後續的傳播效應，都要感謝陳老師，當年特別費心栽培的恩情。

## 7. 感念恩師多

有一位易昌金老師，胖胖的中廣腰，一副笑口常開的模樣，很像慈眉善目的彌勒佛，他教我們歷史和公民，每次講故事都十分引人入勝，上他的課，眞有如沐春風的感覺，他也很關愛學生，我考試常常得一百分，他都會特別在班上稱讚我。後來我考大學選塡志願時，可能是受他影響，就選擇歷史系了。

還有知名畫家郭燕嶠老師，他教我們美術課，不少美國華僑都訂購他的作品，他常常在作品寄出之前，就先拿來課堂上，給我們欣賞並解說一番，讓我們大開眼界，也提高了我們對繪畫的興趣。

另有一位教體育的伍運中老師，他把我及好多位學生都訓練成運動健將，我還曾經代表學校去參加全省的「中上運動會」呢！感謝吳老師的用心栽培，讓我不但擁有強健的身體，更養成終身喜愛運動的好習慣。

## 8. 花落春猶在

聽鄉親說，台糖總公司的社區，自從多年前台灣糖業沒落後，許多員工因裁員或調職而搬離了。當年風光的景像已不復存在，社區漸漸變得沒落了。

現今已改制成溪州農場和公園，高牆早已剷除，破舊的房舍拆除後，都改成欣欣向榮的農地或花園了。

趁著當時舉辦花博展，我一定要號召許多旅北的同學和校友，一起回鄉去重溫少年舊夢，一起追尋往日種種美好蹤跡；屆時一定讓時光倒流，青春重現，因爲花落春猶在啊！

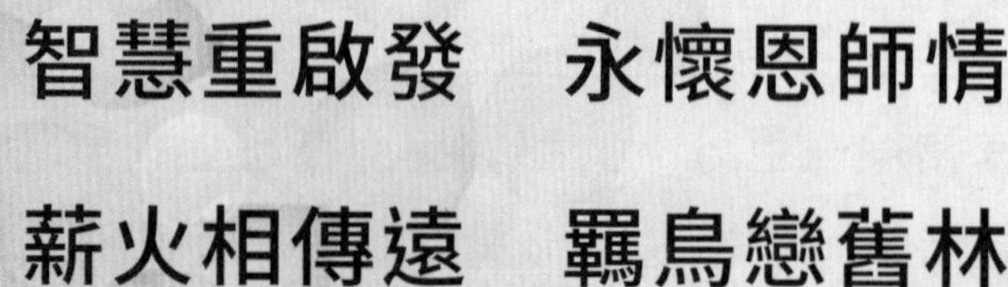

# （六）當年好景君須記—高中同學會

## 前言

民國102同學會是由我當會長，因上一次聚會時，女同學參加的不太踴躍；所以，謝付記同學，就提議接下來換女生主辦，希望女同學，能夠出席熱烈些，他又提名我當候選之一，經表決後，我以全數贊成票當選。

以下是頭尾整個流程，我特別不揣才學淺陋，記錄下來公開發表，或許可提供有志辦理同學會，或想要參加同學會的讀者，可以有參考或觀摩的價值吧！

# 彰化縣立北斗中學高中部第十三屆畢業生同學會

# 邀請函

親愛的同學：您好！

光陰似火箭，日月如太空梭，彷彿一眨眼間，我們都晉身爲尊貴的銀髮族了，眞是可喜可賀啊！

「昔別君未婚，兒女忽成行。」在這燦爛又豐收的季節裡，我們旅居北部的同學，誠摯地邀請您，上來台北開同學會，順便遊玩一番。

陶淵明有詩：**人亦有言，日月于征；安得促席，說彼平生。**在這樂齡的古稀之年，大家能夠開懷暢談，往日青春年少趣事，或分享未來美麗願景，將是一件多麼珍貴的機緣哪！

非常歡迎您攜伴參加盛會，屆時，當您看到年輕的老同學，一定會很開心，也讓大家瞻仰您最近的風采呀！

謹奉上這次同學會活動行程表於後。敬請踴躍出席，共襄盛舉。謝謝！

敬祝 萬事如意！

同學會會長：林瓊姿　　聯絡電話：XX　　手機：XX

旅北同學代表：張木樹　陳峰男　謝付記

謝慶玲　徐雙蔭　張美蓮　敬邀

2014年 10月 24日

# 2014年11月14日「星期五」同學會

## 活動行程表

1.同學集會地點：台北市「海霸王餐廳八樓」。

地址：台北市中山區中山北路３段５９號８樓

電話：2596-3141。

2.時間： 早上10：40-11：20

簽名報到，領取名牌和最新同學錄。

繳交活動費：每人1000元，寶眷優待500元。

3.11：20－12：00 自由歡敍

4.12：00－14：30

享用餐點，互動聯誼；每人上台說話３分鐘，分享70歲壽慶蛋糕，贈送紀念品，齊唱「期待再相會」…。

5.14：30－16：00

請北部同學帶領參觀「台北花博館」有悠活村、戶外景觀設計大展等許多超好主題。

6.16：00－互道珍重再見！

＊爲方便統計參加人數及預定餐廳桌數，請接信後３天內，確定參加與否，都懇請盡早跟下列同學聯絡。

「可商討一起結伴搭車北上，又素食者請先告知」。

＊中南部同學包含「中、彰、投、雲、嘉、南、高、屏等地區」請打電話跟下列３位之１同學聯絡或報名。

劉茂平同學： 電話：XX… 手機：XX…

陳信次同學：電話：XX…　手機：XX…

陳玉美同學：電話：XX…　手機：XX…

＊北部同學請打電話跟下列４位之１同學聯絡：

張木樹同學：電話：XX…　手機：XX…

陳峰男同學：電話：XX…　手機：XX…

謝付記同學：電話：XX…　手機：XX…

謝慶玲同學：電話：XX…　手機：XX…

＊附註：交通資訊

海霸王餐廳：下列路線提供參考，詳情如所附名片地圖。一今在此從略。

※附帶說明：

這次由我主辦的同學會，在現場除了掛上斗大的「彰化縣立北斗中學高中部第十三屆畢業生同學會」很醒目標題布條外，我也特別準備三份美麗新鮮的瓶花，放在餐桌中間，增加美好的用餐情調。

下面這一張文件，我不僅用大字報分別寫好，一一張貼在包廂牆面上，以美化會場，提升歡樂氣氛外；也另用A4紙影印發給現場出席的每位同學，內容如下：

**七十歲同學會敬頌**

**五十年歡喜相見**
**樂見同學都康健**
**珍惜情緣更少年**
**祝各位萬事如願**

**同學會歡聚感言**

**人亦有言**
**日月于征**
**安得促席**
**說彼平生**

林瓊姿 敬題

103.11.14.台北 海霸王

**期待再相會** 詞曲：黃仁清

*再會 再會 難分難離在心底*

*那知時間又經過*

*不敢說出一句話 雖然暫時欲分開*

*總是有緣來作伙 只有真情放心底*

*期待你我再相會*

# 彰化縣立北斗中學高中部第十三屆畢業生同學會感謝函

親愛的同學：您好！

這次舉辦的同學會，承蒙您排除萬難，踴躍參加盛會，萬分感謝！在這古稀之晚年，還能跟五十年前，唸高中的同窗好友，大家歡聚一堂在「816包廂」，各自從腦海塵封的角落裡，掏出記憶中還很鮮明的色塊，合力拼湊出當年多彩多姿的青春版圖；一起回到從前，去探尋往日蹤影，回味年少原汁原味的點點滴滴，這眞是一件多麼珍貴的福氣和緣分啊！

有人講到快樂事，大家就開懷爆笑，甚至笑得飆出淚光，有人發生過調皮搗蛋的事，如今再說起來，却都變成有趣的話題啦！大家有機會讓時光倒流，重現那一年，我們那一屆的歡顏、笑聲、神采和風貌，…。眞是千金不換的快樂時光啊！

酒席歡宴中，有很多位同學特別上台分享，個個妙語如珠，贏得滿堂熱烈掌聲，例如：

江世顯說：人生要像火雞的叫聲「咕嚕！咕嚕！」一樣，像台語說的：「娛樂！娛樂！」，快樂過日子就好了；不要像鴨母的走路聲，像台語說的：「不值！不值！」，都活到這把年紀了，還爲名利、兒孫等瑣事奔忙，人生就很不值得啦！

江同學還獻唱他的招牌歌「酒國英雄」，聲宏如鐘，眞是寶刀未老耶！

施麗蘭也提起一段珍貴的同學情誼：就是去年五月，她要赴菲的那一件事。當她行前到台北「菲律賓駐台辦事處」洽公時，辦理手續的小姐，非常親切招呼和協助她，讓她留下很美好的印象；事前陳淑圭同學，就一直鼓勵她，一定要先跟旅居菲國的僑領謝世英同學，聯絡一下；結果赴菲時，一向很熱心的謝同學，親自到機場接機，並請她到家裡熱情招待一番。

施麗蘭才驚喜地發現，原來那位美麗又熱心的小姐，就是謝世英的千金呢！施麗蘭除了在現場，一再向專程回國參加聚會的謝世英道謝外，更頻頻盛讚他的家教很成功，令人敬佩。施同學分享這一段美麗的奇遇，大家都鼓掌、稱讚叫好呢！

林金蓄同學談起在校時的一樁恨事，讓大家都心有戚戚焉「氣氣冤」：就是當時綽號叫「紅龜粿」的楊X貴訓導主任，有一天在升旗後，就在操場點名，叫了好幾個同學名字出列，並站成一排；再厲聲責罵地問：「為何至今還不肯繳交樂捐的錢」

那件事至今重提起，這件不甘被強迫的不樂之捐，情緒還顯得憤慨不平呢！這時，坐在旁邊的陳峰男，馬上補充說：「紅龜粿」當時還狠狠地往我胸口，重重打了一拳呢！現在摸起來胸口好像還會痛痛呢！同時，他笑著往胸口敷揉幾下，逗得大家也跟著哈哈大笑起來了。

嘻嘻！當年讓青春少年郎為之飆淚的「事故」，如今跟老同學再度談起，竟都變成酸甜雜陳的「故事」啦！

此外，還有很多珍貴的談話和特寫鏡頭，只有親臨現場才聽得到、看得見的喔！更是老同學聚會時才能分享的獨家秘辛呢！

大家除了暢談往日趣事或糗聞，以及將來夢想外，也提供許多寶貴互助資源，例如：

張木樹現已榮升福容大飯店財務長，連鎖店有十家之多，各位同學今後要旅遊住宿，找他就對啦！

陳峰男是茶葉界達人，他的「和春茶行」，時常高朋滿座，歡迎各位好同學去泡茶。

想學太極拳，跟著謝付記，拜師學藝準沒錯，還可學到眞傳精髓，老同學交情最深厚，一定會傾囊相授的。

若要裝潢房子，就找謝慶玲，請教室內設計，諮詢一番，包君滿意啦！

若要打高爾夫球，跟徐雙蔭學習，保證揮桿必創佳績。

若要寫作或出書，找林瓊姿就行了，她已出了十本暢銷書喔！

還有她女兒在台北市開「王品牙醫診所」，有需要去看她時，招呼母執輩的叔伯、阿姨們，她一定會特別禮遇優待的。

好康的事還有很多耶，再多說就顯得太囉嗦了。同學間可互相聯絡，打聽當天更多精彩內容喔！

這次同學會報名有三十位，剛好席開三桌。有很多人是畢業五十年後，才第一次重逢，彼此見面時竟驚喜、互相擁抱起來，恍如做夢般興奮地又叫又跳。不敢相信，今生竟還能再歡聚，頗有「惜別君未婚，兒女忽成群」的感慨。因爲：

**歲月匆匆催人老，年年見面年年少；**

**能見面時多見面，相見總比不見好。**

這次我聯絡時，獲知很多同學的訊息：有三人是抱病來參加的。無法來參加的：有兩人雙腳不良於行，有一人腰椎疼痛不便外出，另有兩人中風臥病在床，有一人剛遭逢父喪，有一人不幸已往生了。大家知道後都很替他們難過，只好心中多多爲他們默禱、祈福吧！

這次同學會就在熱鬧、溫馨、歡樂的氣氛中進行著，大家相聚在一起，都捨不得離開，因爲還有很多話、很多事還沒說完，一直到餐廳來通知，他們快要打烊了，大家才圍聚一圈，點燃三層蛋糕的蠟燭，歡喜地齊唱著兩遍「生日快樂」歌，合起來共約1600多歲耶！每人都笑著輪流說出祝福的話。然後，一齊品嚐美味的蛋糕。接著又在齊唱「期待再相會」歌聲中，才依依不捨地互道珍重再見啦！

我們已選出下屆同學會主辦人，由黃俊士擔任，並已安排中部一大票同學協助辦理，屆時請大家熱烈參與，再歡聚敍舊，促膝談心。

瓊姿個人慷慨贈送的，三項紀念品都很珍貴，各位還喜歡嗎？「計數器」是她先生，也是我們的學長王富男特別贊助的，是「日本製」的，價值數百元，現已買不到了；牙膏是她女兒診所贊助的；瓊姿贈送自己著作的「大家快來講笑話」很好笑耶！這些都是她十分誠摯的美意，請善加利用，發揮最大效益吧！

至於無法及時參加的同學，雖然十分可惜，但我們能體諒您不得已的理由。爲了服務遺珠和遺憾的同學，我們製作一份當天精彩活動的彩色影印圖片，提供給您觀賞，以慰思念之情；有參加的就留做珍貴回憶吧！再附送一份最新的同學錄，方便大家保持密切聯繫。

隨信附上彩色影印圖片一張，並說明如下：

圖一：慶祝大家七十歲生日的蛋糕：

上層圖案是「孔雀開屏」一意義是祝福同學，今後如孔雀般，展現新一階段，絢麗多彩的人生。

下層圖案是「紅得發紫」一是祝福同學每天都像紫羅蘭花「紫芋頭製成的」盛開一般，擁有燦爛歡樂的笑容。

這個蛋糕由林瓊姿提供請客的，是她親自去一家名店訂製的。瓊姿說這是「慶祝大家七十壽誕」才特別貢獻的！

大家就起鬨說：那等八十壽誕時還要叫瓊姿再請客喔！

謝世英馬上說：那九十壽誕的蛋糕就由我請客！

大家都熱烈地鼓掌通過了。

各位同學！大家要好好保養牙齒喔！等待八十、九十歲參加同學會時，才能大快朵頤一番喔！

圖二：宴會期間，同學們舉杯互相祝福：

**「健康！快樂！吃百二」**情景。

圖三：同學會全體人員合照：姓名排列順序如下

前排同學：由左到右依序是：施X蘭 謝X鈴 謝X 余X光 張X蓮 徐X蔭 林X姿 張X樹 劉X平。

後排同學：由左到右依序是：陳X男 江X顯 謝X記

鄭和勳 黃俊士 林X蓄 謝X 林X坤 王X治 謝X英 謝X

鄭X義 洪X喨 杜X桂 杜X桂夫人。

圖四：全體同學圍聚成圓圈，齊唱「生日快樂」歌。難得這麼多老同學在一起慶生，充滿歡喜團圓的氛圍，有好多位同學，都感動得眼眶泛出喜極而泣的淚滴呢！

欣逢新年快到了，瓊姿特別轉贈大家一張「2015年政府行政機闢辦公日曆表」，我們也敬祝大家年年，月月、日日、時時、分分、秒秒，…。

**笑口常開！ 心想事成！**

**謝謝各位！期待再相會！**

北斗高中第十三屆同學會 會長： 林瓊姿

旅北同學代表：張木樹 陳峰男 謝付記

謝慶玲 徐雙蔭 張美蓮 敬上

2014.12.08.

**年少切磋琢磨多　今日歡聚已白頭**

**喜見大家都康健　期待來日再聚首**

# （七）感恩的高中生涯

我是當年參加升學考試，以女生排名第一位的高分，考取當時的「台灣省立北斗高中」，所以常被同學戲稱是「女狀元」。

我每天都很努力讀書，成績也相當好。可是，我爸爸以家中孩子衆多，而我又是女孩子，希望我提早就業賺錢，減輕他的學費負擔。當他得知「員林電信局」要招考「接線生」，就要求我去報考，我不肯答應，他就悄悄扣留我的書包，並帶到他上班的宿舍藏起來；我本來也賭氣就不去上學，心想就此輟學算了。

幸好第二天，有我媽媽大清早，騎腳踏車去幫我找回書包；而我也聽媽媽的勸告，就去報考了。應考那天，填好報名表後，第一關是要先量身高，測量過後，把關的人，馬上對我說：

**對不起，我們的身高要求須高一點，而你沒有達到標準，不合應考規定，所以不能再參加筆試了。**

當時，奉命陪我去應考的媽媽和大姊，其實她們是受託要押我去的，怕我中途會逃跑，不去赴考。我們也都驚覺很意外，爸爸自然也沒話可說啦！而我卻暗自感謝老天爺的安排，讓我逃過一劫了。後來我聽說，當時是使用「磁石式人工交換機」，接線生必須有一定的身高，才能搆插到高高的交換機閘口。

## 1. 缺點變特點

很多年後，我留學日本東大的小女兒，爲了滿足我這個念歷史的媽媽的好奇心，特別帶我去參觀二次大戰，被美國投下原子彈的「長崎紀念館」。當我得知當年美軍在研討要轟炸地點時，本來選定四個大城當目標，最後決定要投擲在長崎，是因為長崎當天晴空萬里，目標可看的很清晰，才是獲選中標的最大的原因。

我告訴女兒，有時候天候不良，也不是壞事，反而有倖免於難的好處喔！就像我當年報考「電信局」的事，因為長得不夠高，反而救了我一命。

念了半學期，爸爸就決定要我休學在家，再準備報考師範學校。我只好待在家裡自習。那時，剛好碰上我家又在修理房子，家中生活次序很亂，而且常被呼來喚去做些打雜的事。影響我安定讀書的心情。因此，暑假時，我去報考「高雄女師」，又以幾分之差落榜了。

我只好待在家裡幫忙農事。直到隔年的下學期，學校寄來復學通知書，我本來以為復學無望，後來還是我媽媽悄悄拿私房錢，給我去註冊繳學費的，我很感謝我母親及時的愛，我才能繼續升學。

## 2. 努力用功讀

我都搭客運車上學，每天傍晚放學一回家，就有做不完的家事，要煮晚飯，要餵雞鴨，要準備切番薯葉等豬菜。我為了能有多點時間溫習功課，常常放學後，就選搭末班車才回家，以便留在學校讀書。但班上留下來等候車班的同學，有些都會聊天說話，常常會打擾到我專心讀書。

我只好轉移陣地，時常躲到操場邊，校園圍牆下的露天防空洞內讀書，有好多次，都被巡視校園的楊杏林校長看見，他還會勉勵我幾句話。最近我回鄉，再去母校校園探訪，防空洞早已被填平，但卻埋不掉我深藏在記憶中，勤奮好學的身影。

## 3. 感謝恩師情

有一位楊蓮老師，她教我們兩年的英文課，身體不太好，患有高血壓，有時還會頭暈；每次在講台上課，當要轉身去黑板寫字時，都要一手握著講桌邊緣，另一手扶著黑板，我們看了都好心疼；因爲我很欽佩她的敬業精神，所以上課就很用心聽講，成績也相當好。

記得那時候，楊老師曾說過，她以前曾參加公費留學考試，有好幾次筆試都通過，但隨後的口試就被刷掉了，因爲主考官都對她說：

**你當了媽媽還要出國讀書，萬一家中孩子生病或有急事，你一定會很擔心，無法專心進修的，所以雖然你的考試成績很優異，但是我們還是無法錄取你，以免浪費國家寶貴資源。**

我當時曾感到疑惑，職業媽媽眞的很難再出國進修嗎?現在回想起來，我結婚生子後，毅然辭去教職，回家當專職媽媽，會不會也是，受到楊老師當時所說情境的影響呢？

楊老師的用心栽培，爲我打下很好的英文基礎。我深深記得，當年我考上「國立台灣師大」，大一第一次上英文課時，劉老師要每個同學用英文自我介紹，我能流利又完整地說出來，並不輸給那些在台北都會區，念建中或北一女畢業的同學呢！這件事，對我這個從中部鄉下來的學生來說，讓我提昇了很大的自信心，這一點是要很感謝恩師教導的功勞。

有一位童驊老師，他教我們兩年歷史課，上課講得很精彩，常會補充很多名人有趣故事，像唐明皇和楊貴妃的「長恨歌」；武則天時，李賢寫的「摘瓜詩」；拿破崙和約瑟芬的精采戀愛故事等，都讓我們聽得津津有味；我特別喜歡上他的課，成績也很好，很感謝他的教導之恩。

## 4. 敢說就會有

高三時，爲了準備拚大專聯考，我想要專心讀書，及節省每天通學時間，就勇敢向母親要求，讓我在北斗租屋住下，生活很節儉的母親竟也捨得花錢，同意我的要求，眞是感恩不盡。

但該處讀書環境不太理想，所以過不久，有好友推薦「北斗天主堂」附設的幼稚園，有提供租屋給外地來的兩位女老師當宿舍，地點就在我們學校附近的，一處日式花園洋房；於是，我竟很勇敢地，直接去跟主持天主堂的馬神父，請求也讓我加入一起借住，馬神父一口就答應，而且說：

**你還是學生，不必付房租，只須交自己三餐的伙食費就好。**

我眞是喜出望外，一再感謝不已。

新住處是一棟舊式的日式洋房，擁有一大片的花園，而且種植各種花草，都整理得很漂亮；我清晨或黃昏時段，就在花園的小石子路上，走來走去背書，背誦英文或文史科目等。園主是一位紳士打扮的阿公，看到我用功讀書的情形，經過我身旁時，常常會稱讚說：

**你這個查某仔子，這麼乖巧！這樣認眞讀書，將來一定會成功的。**

我聽了，都會笑笑地跟他說「謝謝阿公！」，有他的鼓勵，我會更努力。

我日夜努力打拼的結果，皇天不負苦心人，果然，很幸運地考上了國立台灣師範大學，成爲我們「成功村」五保內「日據時代的行政轄區」，第一位念大學的女孩子。表舅舅還特別用紅紙寫上：**「恭賀金榜題名」的賀詞，在村內的廟口及電線桿上張貼著，我母親歡喜的笑容更是比誰都多。**

## 5. 感謝貴人恩

說實在的，我這次升大學的聯考，可說是「背水一戰」的，我已經歷兩次投考師範都失敗，又被迫休學一年，這次升學考，要非考上不可的。我的報名表上，哥哥奉父親的指示，只幫我塡上約十個左右的志願，就是把當時師大的文組各科系塡完後，哥哥說：**你能考上師大這些志願，爸爸才會讓你念的；最末又塡了一個在台中的「靜X文理學院」的系，哥哥又說：這是給別人看的，只證明你也有考上大學。是不會讓你去念的。**

當時，我曾經看到同學，都塡寫了好幾十個，甚至有上百個志願呢！而且，後來我也查證過，我的考試成績，分數是可以考上台大經濟系的。

雖然，在那個年代的環境和氛圍，能讓我升學已經很感恩了，所以內心雖然有一點點不滿意，但我也能欣然接受現實。現在回想起來，父母給了我接受高等教育的本錢，已經很感謝和幸運了，將來如何去發展，就要全靠我自己的本事了。

**我考上大學後，就請爸爸陪伴我，帶著禮物，去拜訪馬神父，表達感謝他的恩情。我也帶禮物去謝謝阿公和他的家人。我也有回母校謝謝楊校長的鼓勵，及師長的栽培。**

當然，也要有去感謝接納和照顧我，一起同住的兩位幼稚園的老師，尤其感謝她們的疼愛我；當時是同睡一大間日式塌塌米，在我常常挑燈夜戰苦讀，需開亮桌燈照明時，一定多少會打擾到她們的安眠，但他們都很包容，且未曾有任何怨言，眞是感恩哪！

我現在還記得，其中一位姓莊，是住彰化市，一位姓杜；還有一位是幫忙烹煮三餐的阿姨，她是溪州鄉東州村的人，如果有緣份再跟她們重逢，我要重重謝謝她們當年的愛護和照顧；順便在此拜託讀者，若是有認識她本人或知道她們的任何訊息，請盡快跟我聯絡。我在本書後面的版權頁中，有附上我的聯絡的「伊媚兒」、信箱號碼。**將來若有機會能再見面時，我一定要準備厚禮，當面再跟她們磕頭說「感謝妳！」**

## 6. 期待再相會

我想告訴那些提攜我的多位貴人們，我是在民國五十三年高中畢業的，希望她們能回想起，在那三年期間，曾經幫助過、疼愛過或提攜過我的恩人，我要當面磕頭說出眞誠的感恩，和報答她們的愛護之情。

高中生活是男女合班的，班長都是由男生當；我則常當副班長或學藝股長，雖然要負責做一些工作，但也有機會磨練做人、做事的方法。尤其是當學藝股長，每逢新年或慶祝佳節，像青年節、教師節、國慶日等，都要製作壁報，全校還會打分數比賽名次。

我爲了爭取班上榮譽，總是努力把它做到盡善盡美；因此，時常要拜託好同學，協助幫忙才能完成，**尤其是楊文雄和謝慶玲兩位同學，他們繪畫和寫字都好有才華，是我的得力好幫手**；後來，他們兩人，竟也都朝向藝術方面發展。近年來，每次「同學會」見面時，我都記得提起當年，一起窩在圖書館，日夜趕工的許多趣事；談笑之餘，總不忘再一次謝謝他們，當年受他們鼎力相挺的恩情。

德國有句諺語說：**結局是好的，就是好的事。**

我的高中生涯，雖經過不少波折、磨難的考驗，但是靠著我屢敗屢戰，和愈戰愈勇的精神，總能化危機爲轉機，順利闖過每個難關；讓我隨後能更上層樓，考上了國立台灣師範大學，開創另一階段美好的前程，對這一切曾經遇到過的人、事、物等，我都滿懷無限的感恩哪！

**多難多變受考驗　百折不回意志堅**

**自助人助掌機緣　錦繡前程就展現**

# （八）安得促席說彼平生—大學同學會

我們自從國立師大畢業後，至今已快五十年了，一直都沒開過同學會；心想，也許是同學都散居各地，召集不太容易吧！因爲除了散居在本省各縣市的，也有一位住在金門，有好幾個是海外各國來的僑生，一位是住美國的美國人呢！心中雖有渴望，好想再看看老同學；但苦無門路可尋，更不知從何處著手，眞是「夢裏常牽繫，可嘆相思無從寄！」但是又何奈？

## 1. 蛛絲馬跡找線索

有一次，我在補看前一周的「人間福報」時，剛好在「藝文消息」版上，瞄到一則新聞，是報導台中市有關「外配協會」，辦理戶外活動的消息，還附上理事長夫婦的玉照，多看一眼，感覺好眼熟，原來那是我大學同學的班對，張自強和陳誼同學，文內有提到張同學曾是中部某高中的退休校長，眞是喜出望外。

於是我趕忙去電向該校打聽消息，經幾次展轉折騰才探問到電話，終於聯絡上張同學了。老同學一陣關懷的寒暄後，我提起想召開同學會的構想，他也十分贊成。隨後就寄給我一份同學的名單，那是在前幾年，林清江校長娶媳婦時，曾去參加喜宴的十幾個同學的名址。

## 2. 主動出擊樂趣多

我趁著農曆年放假期間，趕緊一一致電拜年，熱絡的交談中，也知道很多同學變動的情況，那個人曾在那裡當老師，有幾人出國留學，誰後來又念了博士，誰當了教授，誰竟當了某大學文學院的院長耶！有好幾個人都擔任過國、高中校長呢！

發起人能有機會跟同學個別談話聊一聊，眞是收穫很大，樂趣更是多多耶！

當我提起舉辦同學會的建議，結果，每個人都很歡喜贊成。於是，爲了尊重班頭老大，我請大四時，當班長的黃繁光同學，擔任召集人；我只從旁多加協助，幫忙草擬「邀請函」，一起去找餐廳訂桌等籌備事誼，一切前置作業都進行得蠻順利的。

結果也來了二十多位同學，超過全班的半數以上。大家都興奮地歡聚一堂，每個人都發表談話，有人回憶起過去甜蜜的樂事、好笑的糗事；有人說說現在愜意的退休生活，或含貽弄孫的趣事；更有人分享將來美麗的願景等。整個場面非常熱絡，爆笑聲和鼓掌聲，接連響個不停。當然也紛紛向我道謝啦！

## 3. 重新辨認新形象

親愛的讀者，您一定有很多不同時期的同學，您們都曾開過同學會了嗎?或者你也很想參加同學會嗎?若還沒有，那你就設法去發起啊！或是有人召開了，那你一定要雀躍地去參加喔！那是人生中很珍貴的「一期一會」，重新歡聚的良機，要是在猶疑中錯過了，一定會十分後悔和遺憾喔！

有人曾開玩笑地說，闊別那麼多年，臉孔都像放大好幾吋的相片，面子、裏子都變得好寬闊大氣囉！ 跟你從前記得的小白臉、辣妹的形象，大大的不同啦！中廣腰早已寬鬆許多吋，很多人都變成大富「腹」翁跟大富「腹」婆了！更有人謔稱變成「肉鬆」了。不過，不管變成什麼樣，百變不離其宗，還是依稀可以辨認出原來樣貌，因爲我們是有把握，今天在我眼前的這個人，他的確曾經是我的同學啊！

每個人歷經歲月風霜洗禮後，都變得別有一番風情的新模樣了；大家再不趕快來見個面，重新互相認識一下；否則，要是等到百年後的那一天，即使在天堂裡碰了面，恐怕彼此也會認不得，誰是誰啦！那才眞是對不起自己，更白白辜負了，曾經是「同窗」一場的情緣啦！

## 4. 是念舊非有成就

也許有人會說，參加同學會的都是有成就的人，我說，不是有「成就」，而是很惜情「念舊」。在這白髮蒼蒼的晚年，還有機會看到年輕時代，意氣風發的學友，是多麼大的福分啊！只有在跟曾經一起度過，年輕歲月的老同學，共聚一堂，重溫往日種種年少的，趣事、糗事、烏龍事，無論是爆笑連連、感慨萬千，或是笑得雙眼泛出閃閃淚光，…。

只有當下那時刻、那情境，才能重溫和享受久違了的，什麼是年少青春?甚麼叫熱情如火?讓那份深深的悸動，交輝在眼眸，溫慰在胸懷，迴盪在腦際，久久捨不得離席、散會呢！

## 5. 讓你忘了我是誰

更何況，每一次相聚，不論是舊夢重溫，那時候誰怎樣怎樣頑皮、搞怪，考前那「四人幫」窩在圖書館猛K書的笑料；或新聞又遽增了好幾個—誰又添了一個孫子，誰生病無法來了，誰不幸出國了－去天國。

不論是驚喜?是感慨！都是百說不膩、百聽不厭；總是說者神采飛揚、口沫橫飛，聽者回應唱和、稱讚叫好呢！誰叫妳們都曾一塊兒讀書，還都記得當時年紀輕的往事，一時都忘了我是誰啦！大家都變得年輕、活潑又可愛的少年郎啦！

你聽了我們「那些年，那些事」後，心有戚戚焉了嗎？心動就立刻行動啊！否則，可不是我危言聳聽，嚇唬你的。眞的不要猶疑不決了！時間是不饒人的，機會更是不會等你的！快快去召開或參加同學會啦！一但錯過了，你可是要捶胸頓足，抱憾終生的耶！

**※ 現附上這次我起草的「邀請函」如下，提供大家參考：**

## 國立台灣師範大學歷史學系 57 級同學會
## 邀請函

各位同學：大家好！

光陰如火箭，日月如太空梭；我們自民國57年畢業後，就各奔錦繡前程，轉瞬之間，距今已快46年了。很想念大家，想必一切平安如意吧！無限相思無從寄，時常縈繞在腦際！

現在因緣具足，讓我們大家見面歡聚的好機會來了！

陶淵明的「停雲」詩中有說：

**人亦有言，日月于征；安得促席，說彼平生。**

各位同學歷經時間的淬鍊，生活必定見多識廣，人生旅途豐收滿行囊了。在這夕陽無限好的流金歲月，若能夠再重聚一堂，分享別後多彩旅程，或重溫當年同窗舊夢。實是人生百載難逢，千金不換的樂事耶！

清末官至極品的李鴻章曾說：

**已無朝士稱前輩，尚有慈親喚小名。**

可見親情是無價的，同窗共硯多年，雖沒血緣，卻親如兄弟、姊妹般的情誼，更是無價之寶呢！

所以，屆時請各位務必忘掉現在的身分、地位，不談名利、富貴；彼此通通直呼當年姓名，甚至綽號，讓大家都回到從前呀！這是只有我們同學間獨享的專利和特權喔！

隨信寄上召開同學會的程序表，竭誠地歡迎各位參加，讓大家再看看您現在的風采，您也能看到大家的新形象啊！

謝謝！

敬祝 馬年健康快樂 今生美夢成真！

歷史學系57級同學會籌備委員會

籌備委員 黃繁光 鄭瑞明 黃美幸 林瓊姿 敬邀

民國103年2 月20日

## 國立台灣師範大學歷史學系57級同學會活動流程表

時間：2014年3月12日(星期三)

地點：台北市和平東路一段129之1號B1(師大母校綜合大樓餐廳)

程序：

1. 10：30—11：00 依編號報到、繳費、領取出席名牌。
2. 11.00—12：00 主持人與師長致詞、會務報告等。
3. 12：00—12：10 大合照留念。
4. 12：10—13：20 聚餐、聯誼、交流、談心等。
5. 13.20—14：20 同學們發表別後感言、趣事憶往、分享生活心得或未來願景，每人有三分分鐘。
6. 14：20—14：30 校園巡禮、齊唱「萍聚」、珍重再見！

※同學會的情誼心聲：

當天會場有徐長輝同學，事先以毛筆揮毫創作的「同學會感懷」詩作，並懸掛在會場講台後面牆上，深獲大家讚賞，更加增添歡樂氛圍。

另有林瓊姿提供的「萍聚」歌詞，在結束前大家齊唱兩遍，互訴歡聚和離情，讓全場氛圍引爆到最高點。特轉載如下：

**七言「感懷詩」二首** 徐常輝 創作

其一

師門一別五十秋　校園依舊樹成蔭
同來故地說新語　一樣容顏一樣情

其二

四載同窗半世緣　今朝相敘話當年
悲歡離合原難料　不信輕別再見難

**萍聚** 作詞：嚕啦啦 作曲：孫正明

*別管以後將如何結束　至少我們曾經相聚過*
*不必費心的彼此約束　更不需要言語的承諾*
*只要我們曾經擁有過　對你我來講已經足夠*
*人的一生有許多回憶　只願你的追憶有個我*

**白髮是歲月的冠冕　皺紋是智慧的勳章**
**一屆同學一生好友　祝福大家平安健康**

# （九）教師生涯收穫多

我一直很喜歡擔任「學校教育」的教師工作，但是當年爲了照顧三位幼兒，而選擇離開校門，遁入家門，改換從事「家庭教育」，教養自己的三位兒女。但後來，卻又轉而投入「社會教育」的工作，至今全省各地巡迴演講已二十多年。總算是三次不離本行，一直都堅守在教育的崗位耶！

我先後教過三個學校，那時候教的學生，現在很多都已當了阿公、阿嬤了；可是他們直到現在，開同學會都還邀請我去參加呢！現在爲了寫回憶錄，我又回憶起往日當老師的情景，好幾件印象特別深刻的往事，就紀錄下來跟大家分享。

## 1. 初露身手挑大樑

我從國立台灣師範大學歷史系畢業後，就聽從爸爸的建議，應聘到家鄉的彰化縣「溪州國中」任教。那時學校設有全台首創的「閉路電視教學」，是由第一任校長高明敏先生設立的，我很榮幸獲選擔任歷史科的老師。

**所謂「電視教學」就是我在學校的一間「播報室」，面對攝影機鏡頭講課，現場直播到電視機畫面，學生就坐在教室收看我的教學內容。**

每班在教室前方，左右兩個牆角處，各釘掛上一台電視機，讓學生收看上課內容。這是全省惟一首創的空中教學法。

那時候我的歷史課，一年級就有十二班學生，同時收看我的直播。我配有一位助理老師，協助準備教材教具、批改學生作業，和計算考試成績等工作；我講課時，也派兩位助教，負責在教室外走廊，來回巡視學生是否專心聽課情況。我每上一節課，就可抵算三節的鐘點時數，年終還可領取一筆豐厚的獎金喔！算是很優惠了。

因爲是屬空中教學，爲了吸引學生專注聽講，我必須使出渾身魅力，說話要幽默、風趣，學生才會聽得津津有味；而且要唱作俱佳，以吸引學生聽講興趣，儀態、服裝當然也須多加注重。這眞是一份珍貴的挑戰，卻也是磨練我教學技巧的好機會。至今，我對母校給我的栽培和重用，一直都充滿無限的感恩。

## 2. 溪中教學創意多

我曾在我當導師的三年二班，**首創「班級圖書館」，就是請同學把家裡已看過的書，帶到班上給大家看。**

我先篩選好的內容，再把書本左上角打個小洞，以細線穿過後，用釘子吊掛在，教室後面牆上的一排木條上；提供同學下課或自習時間，就可自由翻閱課外書，也可登記借回家看。書本也會時常更新。如此，製造簡易的悅讀環境，擴大課外讀物範圍，在當時深受學生歡迎喔！

在「溪中」我還教過國一的英語課，請學生上課帶一面小鏡子來，觀看自己發音時的口、舌和嘴型等正確部位。我教過的學生，到現在的同學會上，還很感謝我這件獨創的教學法呢！

## 3. 把握良機學才藝

我也利用課後的時間，到教音樂的機增玉老師家，學習鋼琴和聲樂。每周上兩、三次課，偶而碰到用餐時間，她還會請我一起吃飯，我至今還記「番茄醬蛋炒飯」，十分美好的滋味耶！

後來她嫁給一位牧師，我們都先、後遷居台北時，也常有聯絡，有一次，我還應邀帶孩子們去參加，他們在仁愛路的教會，所舉辦的「聖誕節晚會」，很溫馨又熱絡呢！

聽說，她後來爲醫治師丈的病，而匆忙移居美國了。從此就失聯了。我至今還很懷念這位亦師亦友的同事，**若她本人或教友知道她的訊息，請聯絡我，以便歡聚和道謝。**

我一直很感謝她及時的教導，使我後來當媽媽後，陪伴孩子上「兒童音樂班」時，才會看懂豆芽菜的音符，以督促他們複習功課。

可能是我在學校的人緣蠻好的，有一位楊老師還幫我，介紹了一個他親戚的兒子，後來成就了好姻緣，他就是我的夫婿王富男先生。

我感謝母校及師長們，給我的種種提拔和重用。更感激楊老師熱心扮月老的恩情，讓我擁有了終身的好伴侶。

## 4. 北中教學相長多

隔年，我轉到「北斗高中」任教歷史。我曾看過一篇報導，說中國「北京大學」，有一位研究語言學的教授，給學生的暑假作業，是要他們回到各地家鄉時，就蒐集當地的俗話或俚語等。

我靈機一動，就要求我教的班級學生，他們的暑假作業，**就是收集至少五張以上，世界著名的中、外歷史圖片。**

結果熱心的學生，果然從許多舊雜誌、書刊裡，找到很多珍貴的歷史鏡頭圖片；眞讓我喜出望外，有些提供特別稀有圖片的學生，我上課時，還特別表揚頒獎致謝呢！

我把它們按中、外及先、後的歷史事件，依序分別編輯成活頁的冊子；再配合課程內容，抽取相關資料，作爲上課的補充教材，發給學生們觀賞，增加課程的印象和樂趣。很受學生歡迎耶！

其中，**有一張是清廷欽差大臣李鴻章，和日相伊藤博文簽訂「馬關條約」的「春帆樓圖」，給我很深刻的印象。當時好想將來有機會能親自去看看。**

誰知道，在三十多年後，竟由我留學日本東京大學的小女兒，專程爲我安排旅程，坐飛機、換車又坐船，眞的帶我去當地探訪呢！總算滿足我好奇的求知慾啦！

我萬分感謝，提供許多寶貴圖片的學生們，由於大家同心協力的合作，不僅充實了我的教材內容，更意外引發了我個人想實現的美夢。

此外，像我講到法蘭西帝國歷史，我就穿插拿破崙和約瑟芬的傳奇戀情故事，我不僅秀出好幾張他倆的漂亮合照，還特別播放「風流寡婦」的樂曲，給學生欣賞呢！因兩人首次見面，是因約瑟芬要去向拿破崙，討回他亡夫被沒收的寶劍啦！

放暑假時，學生想報考藝術科系的人，拜託教美術的朱志乾老師，特別開班教授素描、水彩畫課程，我也跟學生一起報名、上課學習耶！整個暑假裏，我都很認眞上課，從沒缺席，同學都說「**林老師是最用功的學生呢！**」

婚後我的孩子學畫畫時，我才稍有能力提供些意見，我很感謝朱老師的用心教導。

## 5. 學到很多處世要訣

在北斗高中的兩年裏，我學會兩件要事：

**一個是：要友善對待團隊夥伴**

我因必須搭早班車到校，每次看到校工在校園清掃時，我會主動大聲招呼他，並笑著說：

**劉大哥！早安！你很忙喔！或說：**

**劉先生，辛苦你了，打掃得很乾淨耶！謝謝你喔！**

他也笑著回我話，偶而也會交談幾句。

有一次，他跟我抱怨說：

有一位也是師大剛畢業的男老師，我跟他打招呼時，他都一副愛理不理的冷漠樣子，好像是瞧不起我們當工友的人，我們雖然是做打雜的工作，可是我們的人格也是一樣平等，一樣要受尊重的嘛！

我先同理他受委屈的心情後，再說一些安慰的話。這件事讓我學習到，現在是一個團隊合作的時代，每個人都像是一部大機器裡的螺絲釘，工作角色雖有差別，但重要性絕無輕重之分，都有缺一不可的重要。像劉先生，還要負責分送各處公文、信函等，也要協助老師們印講義，當時是用油墨一張張翻印的，很費工耶！而他時常會私下優先印我的。

所以，我學會一定要善待，團體裏的每一位同事，我們當老師的，雖然職位比較高、薪水多一點，但是也很需要學校員工的配合，教務才能順利推動。所以，我們都要敬重團隊的每位夥伴。

**另一件事：要平等對待晚輩同仁**

我任職兩年後，因結了婚，須隨夫婿遷居到北部。同事爲我舉辦的歡送餐會上，跟我一樣教歷史課的邱聰正老師，向我敬酒祝福時，竟然說：

**感謝林老師，我們同行不相忌，謝謝妳對我這個晚輩，很多的提攜和照顧！**

我聽了很感動，也覺得很欣慰；因爲我雖然出道比他早一點，但我都很尊重他的建議，像月考要出考題時，我都會徵詢他的意見，從來不會倚老賣老，或耍大牌什麼的。

這件事，讓我學到今後要更加親切對待同事，尤其不可仗恃資歷深，就輕視或怠慢晚進的人。

## 6. 同學會竟接受頒獎

民國105年1月9日，我教過的畢業生，40年後，在台中召開第一次同學會，她們透過各種管道才找到我，一定要邀請我出席。當天召集人周芳梅同學，還代表參加的全體同學，公開致贈一份好貴重的禮物給我，我當場致謝詞時，笑著說：

**感謝同學們，四十年後，還讚賞我、表揚我的教學成果，特別頒獎－其實是送紀念品啦！給老師獎勵，謝謝大家肯定我！我好開心喔！**

我的謝詞，竟博得大家熱烈的笑聲和掌聲。

有人還對我說：

**林老師！我好愛您喔！你還是像當年跟我們上課時，一樣的幽默、風趣！太可愛啦！**

有一位學生遠從屏東恆春趕來的，還帶來一大包親自做的，很珍貴的「蘿蔔乾」送我；也有一位同學，特地在台南坐高鐵時，購買兩盒很著名的吳X春的大麵包送我；還有人送我中國結，更有…。這些滿滿的溫馨回饋情意，眞是讓我萬分感謝和感動。也見證了我當年努力教學的成就。

我在「北斗高中」的母校任教兩年間，跟學生相處感情都很融洽，學生都很喜歡上我的課。我個人在那期間，結了婚，也懷孕了；眞是收穫滿行囊！**我很感恩，在那裏度過豐富又美好的快樂時光。**

## 7. 愛護學生見義勇爲

我因外子在「基隆港務局」上班，所以第三年，就轉換到「省立瑞芳高級工業職業學校」的高中部任教，那時候，師大科班出身的教師還很少，所以林紹中校長很器重我。

記得有一次在校務會議上，很多老師熱烈地討論一位「機工科」犯錯學生，要不要給予「開除」懲罰的問題，正反意見堅持不下，場面正僵在那兒。

林校長突然說：**那我們來聽聽林瓊姿老師的意見好了！**

我站起來說：教育是爲了教導學生除惡從善，學校就是實習的教練場。有句話說：

**人生如果沒有錯，鉛筆何必要附橡皮擦？**

這個同學還太年輕、不懂事，學校應該體諒他的無知；所以，我建議，應該給學生一個改過自新的生機，是不是給他，就只記個「留校察看」的處罰就好；然後，再請導師給予個別輔導一番；並建議該生轉學到別校，讓他能夠繼續讀書、升學，放他一條生路，學校也沒什麼損失，反而會因此解救了一個少年人的前途。

結果，林校長眞的當場就裁定，採納我的意見了。

我不敢想像萬一他被開除後，會不會變成無校可念的流浪人呢！就這樣，我力排衆議，挽救了一個不認識的學生的命運；而那位學生，也始終都不知道，老師們在會場上爲了他，而展開過一場激烈的論戰呢！

## 8. 我絕不給學生記過

另外一件事，就是有一位我當導師班上的高姓同學，因上「軍訓課」，外出去郊外打靶時，靶場裏遺失了兩顆子彈，教官一口咬定，是這位學生搞丟的，就要記他一個「大過」處罰。

學生來向我哭訴原由，說絕不是他弄丟的，他是冤枉的。於是，我把教官要記過前，須先送給導師蓋同意章的簽呈單，又退還給教官，並鄭重地說：

我這位學生堅持說，他沒有犯錯，而你也沒有足夠證據，證明是他做錯的事；所以，我們當師長的不能任意處罰他、冤枉他，這是很不公平的；更會讓他的操行紀錄，留下不良污點；**我這個當導師的，絕不能同意簽名、蓋章的！請您再考慮考慮，好吧?**

教官果然從善如流，被我說服了，只好撤銷要呈報的記過單了。

在我的教學生涯中，學生若有違犯校規或做錯事時，我情願花幾個鐘頭或分幾次時段，跟學生交談、辯論來解析、說服他，直到學生眞心認錯及答應改過，我才肯罷休的；我絕不會隨便用各種記過方式，以簡單、省事的作法來處理的。這是我愛護和教導學生的原則。

## 9. 感恩所有美好歲月

每次「瑞工」學生開同學會時，一定會邀請我參加，有幾個學生會跟我說：

**林老師，眞的很感謝您，您教我們史、地都非常用心，很幽默、風趣，所以我們都很很喜歡念，成績也很好；我們當年參加大學聯考，都是靠歷史和地理科，拿很高的分數，去拉平較低的英、數成績，才能幸運考上大學的，這都是托你的福氣，很謝謝您的功勞耶！**

聽到很多學生說出感謝的話語，我感到十分欣慰和歡喜！我好愛我的學生，我好喜歡教學的成就感喔！

我在「瑞工」教了三年內，就生了兩個孩子，又懷了老三。眞是收穫滿滿。更感恩多多！

有一次同學會上，我試問：

**同學對我最深的印象是什麼?**

有一位學生笑著說：

**我印象中，林老師一年到頭，常是懷著一個大大的肚子來上課啦！**

眞是笑翻了在場的同學了！

## 10. 小城故事惠我良多

當時的台北縣瑞芳鎮，是個充滿人情味的好所在，我在那裏受到很多芳鄰、鄉親的照顧和愛護，尤其我孩子的保母阿守大姊，和房東阿水嬸，我後來也曾多次帶伴手禮，回去探望她們。

許多年後，我參加的「金蘭讀書會」，有一位包德慈大姊，想效法我設立獎學金，在北部我就推薦到「瑞芳國小」設置，以表示回報鄉親給我的恩賜。

又因爲它靠近海邊，所以新鮮的海產特別多，我因天天吃鮮魚，所以生養的小孩都蠻健康又聰明，這是額外的收穫，眞是感謝這個可愛的小城啊！

回想那六年裡，多采多姿的教師生涯，有如美夢般的喜樂，更是感恩不盡耶！

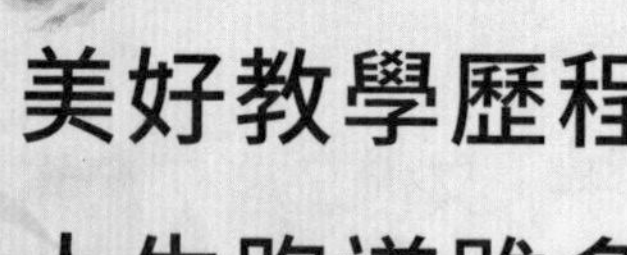

美好教學歷程中　學習獲益許多事
人生跑道雖多元　教師生涯最樂時

# （十）無齡感的包大姊

認識包德慈大姊，是我最大的福氣！且讓我說說我倆相知相惜的美好故事：

## 1. 充滿自信

請你看我的年輕，不要問我的年齡！

有一次，我倆見面時，我隨口套用這句頗爲自豪的廣告詞。

包大姊立刻改口說：**更可以問我的年齡！**

嘿！包大姊竟比我更有自信呢！

有一次我半開玩笑地說：

**其實，我倆都是七老八十的老太婆了！**

她接口說：

**才不是耶！是資深美女啦！不准老提老太婆、老人家的！**

她又這樣修正我。

## 2. 有你眞好

有一次通電話時，包姊說：妳不是在每年製作的個人月曆上，寫著新「人生六福」嗎？是那六福？我們再溫習一下吧！於是，我倆就歡喜地，一起唸著：

**生得順，長得正，過得好；老得慢，病得輕，走得快。**

是針對傳統「人生五福」而創新的，當初我倆也是在電話中一再討論的結果。例如本來是說「長得美」我說：美的標準沒有一定準則，不如改成「正」好，因只要生得五官端正，四肢完好，就要感恩父母，就是有福了；「走得快」，原來寫「死得快」，若生了重病且治好無望，那就不如早一點走，免受折磨，也算有福氣的人。包大姊提議改成「走得快」，我也認同，這樣改，字面比較順眼多了。我們互相切磋出滿意的共識後，我稱讚說：**眞是英雄所見略同！**

包姊一聽，竟然在電話那一端，滿意地哈哈笑起來。

接著又補上一句話：**應該說我們兩個，眞是才女惜才女啊！**

我稱讚她：嘿！妳好有創意耶！竟然沒說「美女惜美女。」

她笑嘻嘻地說：對嘛！妳跟我都寫了好幾本書了，也算是有點文學才華啦！

## 3. 無齡感的她

聽專家說：人的年齡可分三種，就是**生理年齡**—身體健康狀況；**心理年齡**—心智活力狀態；**實際年齡**—身份證上記載。

包姊已是高齡銀髮族，卻擁有「無齡感」的樂活方式，那意思是說，已屆高齡階段，或早已從職場退休的長輩，他們仍然展現充沛的活力、樂觀的心態，積極努力地經營生活；參加各種學習活動，例如演講會、成長班或讀書會等；或學歌唱、攝影、瑜珈等才藝；也參加旅遊、志工服務或公益活動等。**這些有益身、心、靈的活動，完全不受年齡限制，更能活出精采的晚年，過著十分快樂的後半輩人生。**

包大姊就是這樣的典範，她以三八公斤的體重，又在八三歲的高齡，卻能寫出十多萬字的傳記大書，描述她人生中經歷的酸、甜、苦、樂滋味，她的體力、活力和毅力，眞是叫人敬佩、驚喜、又稱讚不已耶！

據我所知，她比我更早參加「精健會」的成長課程，認識精神健康和頭腦科學的重要；她已參加多年的瑜珈健身班，養生又養心；也和孝順的兒女們結伴到國、內外旅遊；更常常參加「理財講座」，讓她成爲理財高手呢！

公益活動方面，她多年來固定每月樂捐，認養四十多位海內、外「家扶中心」的兒童，每年都定期跟兒童見面，散播歡樂分享愛；又由於我的推介，她也曾在新北市的瑞芳和積穗兩個國小，捐助清寒優秀獎學金，…。

## 4. 奇文共欣賞

她很喜歡探討人生的議題，十幾年前，我倆就是在教室裡認識的，我們同時參加台大傅佩榮教授主講的「人生哲學」系列講座，由於都喜好追求成長，分享新知，人生理念也很契合，從此成爲知己好友。常常在電話中分享學習心得，相偕一起去聽演講，隨後再聚會討論心得。

我們每次見面時，都會各自帶來許多好文章或資料，互相贈送，有自己寫的、書上摘錄、網路上印、聽演講的講義等，一起欣賞、研討或發表感想。雖是奶奶級的婦道人家，可是都沒時間談論兒孫，或柴米油鹽等生活瑣事，有的都是「**奇文共欣賞，疑義相與析**」的情景。

我們都樂在其中，研討十分歡喜，心情更是快樂無比，一時都忘了我是誰啦！多年後，我們還擴大爲「金蘭讀書會」，包大姊還慷慨提供一筆基金，做爲每次聚會時花費之用，我們都很感謝她的疼愛深情。

## 5. 夢幻慶典獻花詞

包大姊比我年長好幾歲，今年她以八十三歲高齡，再出版第五本書，書名是：**生命是多麼的美好～一個祖母的手記**

她在新書發表會時，希望把夫婿的九十壽宴和新書發表會，聯合舉辦一場「夢幻慶典－李府壽宴暨新書發表聯歡會」，邀請許多親友參加盛會。我特別上台獻上一籃祝賀鮮花，並獻上豎牌賀詞如下：

**敬祝「夢幻慶典」圓滿成功：**

**包結囍艷長壽花**—包姊雙囍宴會 謹祝賀她夫婦恩愛長久

**德被人間燈籠花**—美德照耀人間 就像燈籠照亮夜空長明

**慈愛光輝太陽花**—她的愛心就像 溫暖的太陽光輝照大地

**新著創意旺旺來**—新書中的創意 像旺來花無限向上開展

**書中睿智日日春**—她所呈現智慧 讓人看後心花像日日春

**會友以文仙客來**—以書廣結善緣 貴賓個個都快樂似神仙

林瓊姿「慕凡」敬賀 105.04.07.

每段話開頭第一個字，直行往下唸，就是「包德慈新書會」舉辦慶典當天，當我上台獻上祝福的花籃給包大姊，並介紹籃內的每種花，每一句祝賀詞的涵義時，台前的許多鎂光燈都閃個不停地搶鏡頭，紛紛盛讚：

**這籃花插得好精美！花色搭配很驚艷耶！祝賀詞更是超讚的！**

大家都看得心花朵朵開，我也很高興，我用心盡力的成果，能夠獲得大家的讚賞！

包大姊會後還跟我笑著說：瓊姿啊！你今天是第二女主角喔！很風光喔！

我笑說：不敢當啦！都是托您的福氣啦！

說罷，兩人相向大笑，開心極了！

在創作那籃鮮花和賀詞，好幾個月期間，我反覆地更換花名及修改賀詞，才選定吉祥又貼切的花名，並寫出美妙的賀詞；爲了此事，我還跑了好幾趟，台北最大的兩個花市，及陽明山竹子湖的花圃，尋尋覓覓找靈感，再三推敲費思量，更拍下好幾十張花卉照片做參考；而且，盛會前一天傍晚，我還特別跑一趟花店，觀看插花老闆娘的製作過程，也提供一些更美的修飾建議呢！能爲敬愛大姊夫婦的盛會，貢獻最大心力，我引以爲榮，且創作樂趣也很美妙耶！

讀者朋友，請欣賞本書前面彩色頁，我獻花給包大姐的珍貴合照；相信您觀看後，一定也會很開心的。

心理學家說：**人與人的交往深淺，依序可分六個不同等級，我倆深厚的情誼，可說是屬於最高層次的「交心級」了。**

包大姊曾說：**我們兩人如此投緣，前世一定是相親相愛的姊妹，那妳就是我失散多年的妹妹囉！**

人生旅途，能擁有如此良師益友的賢能大姊，我是多麼的幸運和幸福啊！歡慶之際，再以這首打油詩，祝賀姊夫和姊姊：

**夕陽美景多綺麗　彩霞噴飛滿天清**
**霜葉紅於二月花　人間最愛是晚晴**

# （十一）嘉年華會紀實報導

這次「精神健康基金會」所舉辦的「**2020精神健康嘉年華會**」，主題是「腦動全開 快樂GO！」現場分爲舞台區和攤位區；舞台區有歌舞表演，攤位區則是由許多相關同業來支援，提供各種主題的闖關活動及贈獎；現場更展覽「腦的美麗境界」精采圖片，並開辦一系列的「大腦闖關遊戲」等，參觀的人潮一直絡繹不絕，十分踴躍、熱絡耶！

我是該會長期志工兼領航員，當天也負責擔任紀實報導現況。本文曾刊登在「財團法人精神健康基金會」發行全國的「**心靈座標**」刊物上，深受稱讚和好評。特轉載於下：

## 1. 炫麗口條，推廣精健教材

當天我和另兩位志工，負責招募「精健家族」成員的攤位，並分送民衆精神健康的相關文宣，如：「心靈座標」雙月刊、腦力基本操練法、腦力壓力紅綠燈、保養頭腦十大方法，…等酷卡，以及邀請他們登記填寫加入精健註冊家族，未來就可固定收到「精健會」的活動及演講會等好康訊息。

每當有民衆要路過我們攤位時，我就使出招攬絕技，笑容滿面地揚起一疊資料，高聲對他們喊著：

**大哥！大姊！請看過來「保養頭腦，免除煩惱！」好康報你知！**

當他們箭步走近攤位時，我一邊遞送文宣，一邊介紹內容：

**我們每天都要應用腦力思考，所以要注重保養，頭腦才會越聰明、更靈光喔！你看，這裡面都是告訴你保養的秘訣喔！**

我打開「保養頭腦十大方法」酷卡，指著第一條念出標題－「生活起居有規律」，我重點解釋一下，接著就請對方念第二條，再反問他對這一句話的心得。我鼓勵地說：接下來的八條，都很重要，請你回家好好讀，還要應用出來喔！

一般人都很歡喜地接受，並一直跟我道謝。

## 2. 機會教育，發揮社教功能

現場還有很多人，我都把握當面機會，引導他們閱讀資料的內容，先爲他們開個頭。引起他們的興趣，才能進一步了解「精健會」的服務內容。

高竿的說詞，我另準備了好幾個，輪流變換使用，例如：**貴賓們！走過！看過！請不要錯過，快快來這裡挖寶喔！好朋友！趕緊來！寶貴知識送給你，免費的喔！你拿到就賺到！**

於是，很多人都往我們攤位靠過來，我總是賣力講解並回答問題。有一位蔡先生表示他曾患有憂鬱症，今天來參觀才知道，除了吃藥以外，自己更可以怎樣保養頭腦、多多運動、養成良好睡眠好習慣等方法。

## 3. 贏得信任，招攬家族會員

現場有些民衆對於索取「心靈座標」雙月刊，需要留下通訊個資，有些猶疑不決，害怕自己的名址會被外洩冒用。這時我就多加鼓勵，並保證資料的安全性，我說：

**我們精神健康基金會，是很有公信力的公益社團，董事長胡海國是台大著名精神科教授和醫師，而我是師大畢業的退休高中老師，連我都很信任這個公益社團，才願意來當志工了，所以我**

**們一定會保密的，請你放一百個心啦！**

我竟然也把自己當籌碼壓下賭注，撩落去啦！

很多人聽完我的話後，就安心地填寫好他的通訊名址或E-mail，所以，當天我們收集了厚厚一大疊的參加會員名單呢！增加這麼多註冊家族朋友，讓我們都很開心，也擁有了滿滿的成就感耶！

## 4. 回饋心聲，效益超級棒

當天來往的人潮很多，我把握機會訪問了好幾位民眾，印象比較深刻的是，有一位來自台中的徐媽媽，她趁著周末到台北女兒家，就相偕來參觀，對於現場展出的睡眠圖像很感興趣，從展出的卷軸內容，了解到睡眠深淺有分四個周期，才知道睡眠的重要秘訣。

有一位帶著就讀小學兒子的黃媽媽，對大腦影響情緒「心情」有進一步認識；念國小的黃小弟則對運動的益處，增加很多新知識。

來自台北市內湖區的葉爸爸，是看到我們的DM才來的，他對於認識大腦有分好幾個區塊，而且功能、運作各不同，能獲得這麼好的知識，滿心歡喜；交談中，我獲知她家各有一個國、高中的孩子；於是，我就跟他分享：

**青少年階段，因「總裁腦」的發育尚未完全，要注意孩子容易有突發的情緒風暴，…。**

離開前他一再道謝，並說：

**今天來對了，增加很多新知識，太值得啦！更感謝你們的機**

**構，舉辦這樣的公益活動，對大衆保養身、心各方面，都有很大的助益。**

當天我還跟許多人有良性互動，並獲得優質回饋，很多人會藉機請教一些煩惱的問題，我都很親切地仔細解說，他們也都頻頻點頭表示滿意和謝意；當志工的我們，是很需要努力學習，不斷吸收新知識，唯有時時追求成長，才能跟上時代進步；每當我們要提供服務，幫助別人時，才不會因知識或能力不足，而被對方問倒了，那可就尷尬了！

## 5. 收穫滿行囊，期待再相會

我趁著輪班的空檔，快速到會場參觀一番，各區人潮都是一波波湧進來，「歌舞青春藝文表演」也是超吸睛的，魅力的歌唱、新潮的熱舞，都贏得觀衆熱烈的掌聲。各攤位前的人潮，幾乎都快擠爆了。腦展區的「大腦解密闖關趣」，更是排了長長人龍，等待接受有趣又益智的挑戰呢！

活動閉幕時，工作人員大家齊聚到舞台上，拍攝團體照時，我也趁機訪問了胡海國董事長，他說：

**這次盛會很滿意，成果很豐碩，能讓社會大衆，更加認識大腦的功能和保養方法，貢獻利益衆生，萬分值得，謝謝你們大家的服務。**

湯華盛執行長則說：

**大會很成功、很圓滿，很感謝民衆熱烈的參與，和各位志工的辛勞和奉獻。**

「精健會」提倡的「三五成群」活動，就是爲了讓你避免成爲

「社會孤島」的良方；這次嘉年華會，空前熱鬧的盛況，就是最佳和最成功的明證。期待明年十二月的嘉年華會，非常歡迎你來參加，也請相招親友，一起來湊熱鬧和長知識喔！

**大腦功能運作良好　提升腦力超大有利益**

**保養頭腦免除煩惱　歡迎大家相招來研習**

# 應邀演講

慕凡老師主講

## 主要講題

一．怎樣養育品學兼優的孩子

二．怎樣幫助孩子功課更進步

三．怎樣幫助考生衝刺上金榜

四．新好父母換你做做看

五．溝通和情緒管理的絕招

六．講笑話 學幽默 當笑長

七．男女交往或結婚大哉問

八．如何開創美好樂齡生活

九．勇敢追夢－環遊世界 驚艷分享

十．媽媽博士－家業中的 CEO

十一．亦可應需求指定講題

邀請方式:E-Mail:lin342003@yahoo.com.tw

或106926台北市信維郵局第26-76號信箱

# 媽媽博士－家業中的CEO【第二冊】

著 作 人／林 琼(瓊) 姿　筆 名／慕 凡
郵政劃撥／帳號：14018094 戶名：林琼姿
電子郵件／lin342003@yahoo.com.tw
聯 絡 處／106926 台北郵政信箱26－76號
封面設計／賴 思 安
電腦排版／龍岡數位文化股份有限公司
圖文校稿／慕 凡
出 版 者／龍岡數位文化股份有限公司
地址：235新北市中和區建六路67巷２號
電話：(02) 2223-8817
印 刷 者／龍岡彩色印刷股份有限公司
經 銷 者／白象文化事業有限公司
地址：401台中市東區和平街228巷44號
電話：(04) 2220-8589
初　 版／中華民國112年(2023年)4月 初版一刷
國際書碼／ISBN：978-957-794-237-1

國家圖書館出版品預行編目資料

媽媽博士－家業中的CEO / 慕凡(林琼姿)著.
-- 初版. -- 新北市 : 龍岡數位文化股份有限公司, 民112.04
面；　公分
ISBN 978-957-794-236-4(第1冊 : 平裝)
ISBN 978-957-794-237-1(第2冊 : 平裝)

1.母親 2.家庭 3.通俗作品

544.141　112005148



定價：新台幣NT$ 590元　美金US$ 20元

# 心得筆記

# 心得筆記